WEALTH

天窗出版

強積金當家作主

湯氏理論

譚志強 著

李家輝 編

目錄

推薦序 / 一

馮鈺斌博士
Dr. Patrick Fung
前華僑永亨銀行主席

Tom Tom 於 1984 年加入永亨銀行集團，不經不覺已經 38 年，先後任職黃金部和證券部，及後為集團開展證券市場業務，多年來處理各式各樣的金融事務，亦曾面對多次金融風暴為集團帶來的挑戰，歷練豐富。

很高興 Tom Tom 集結數十年股票市場上的寶貴經驗，並將自己對強積金投資減險策略的心得和理念編寫成書，更將書本的版稅收益悉數捐出，惠澤社群。相信本書必定能令讀者增進知識，有所裨益。預祝本書暢銷全港，使更多人受惠！

推薦序 / 二

黃達强
Ringo Wong

「陽光洗衣」——集團創始人及董事長
「王道學」——儒家領袖學 共同創辦人
「香港盛和塾」——稻盛和夫經營學 理事長

香港的強積金，向來都為人詬病，重點是表現不穩定之餘，收費還遠高於外國基金的管理費。記得強積金制度從 2000 年 12 月 1 日開始，那時尚年輕就把資產放了在「進取基金」，而且也不知道那時的管理費是多少。因工作忙碌，過了數年才記起強積金這回事，一看嚇了一跳，竟然「蝕了一大截」！查找原因，是當年選擇的「進取基金」表現不佳導致。為了老來有錢傍身，隨即轉為選擇「保本基金」，心想應該穩陣些。

又過了一段時間，上網再查看戶口，不得了，仍然要蝕！怎麼搞的，「保本」都要蝕？經上網了解，弄清楚後，才知原因在管理費；「基金賺的是細水長流的生意，收費 0.5% – 2% 看似不多，實際是運用複利率效應，如果總開支為 1%，10 年便會蠶食 9.6% 總值，40 年便會蠶食 33.1%；如果總開支為 2%，10 年便會蠶食 18.3% 總值，40 年便會蠶食 55.4%，等同分享了你的退休金」！就是這樣，我的「保本基金」雖然保本，但仍然要蝕。

與 Tom 認識很有緣份，我們認識了 20 多年，後來還在同一間中國文化學會做同學，一起學習儒家「性情學」。他為人樂天、好施、正義、孝順，對事情若產生興趣必定用心鑽研，例如攝影、風水，他可以說是專家，並且開班授徒。記得有次戶外活動，我向他請教攝影，經他輕鬆地點撥拍攝的角度，果然拍出來的相片立體有層次得多。

知道 Tom 在股票市場從事相關工作差不多 40 年，經驗超豐富，有次聚會聽他說，原來強如他這樣有經驗，都在強積金輸了錢，真的驚訝！不過，這已經是過去式，他現在的強積金已「賺凸」了。我聽到這麼好的消息，即時請教他強積金投資祕訣，以為他會「收埋」不肯教，怎知他說：「好呀！我就是想把這祕訣教給更多人，以免到老也『得個供』，卻沒強積金度餘年，那就慘啦！」

Tom 說做就做，很快來到我公司，教導我與一大班同事「強積金投資祕訣」！他非常認真，準備好充足材料，用了大半天教導及解答我們的疑問，有些同事依他的方式處理強積金，回報率確實很好。至此，凡遇朋友問及關於強積金投資的事情，我都會介紹 Tom 給他們認識。Tom 為人熱情，有次真的大家都難以約時間，Tom 竟然提出到他家吃晚飯順便講解！他完全沒有思想包袱，而每次與他見面，Tom 都會說，我要盡快出書，讓更多人受惠。

非常高興知道 Tom 的「強積金投資祕訣」——《強積金當家作主》終於面世，真為他積極認真、無私奉獻的態度而感動。在此借中國這句老話來祝福Tom：「積善之家，必有餘慶！」

祝一紙風行！

推薦序 / 三

江麗萍
Apple Kong

陽光洗衣集團營運總監
香港洗衣服務業聯會創會副主席
JCI 獅子山青年商會領袖導師

認識 Tom 已經 23 年，我們可以說是親密戰友，感謝他當年在我女兒做手術時的照顧，協助我度過一個艱難的時期，我們亦一同在香港兔唇裂顎協會當上了義工家長多年。

眾所周知，Tom 愛護家庭、孝順父母，照顧太太及兒子無微不至，他還帶動太太和當年只得 10 歲的兒子學習中國傳統儒家文化，打開生命的寶盒，更懂得生命的韌力、了解生命的強度，帶著理想，踏實而有序地生活。

Tom 熱愛攝影，經常在 Facebook 看到他的作品，玄學術數更是他喜愛研究的項目，他的經歷每次都讓我聽得如痴如醉！無所不精的他，更是一位笑口常開的開心快活人，所以無人不喜歡他。

Tom 在一家銀行效力超過 30 多年，由基礎職位做起到銀行證券業務副主管，這已經令我非常佩服！他還在工餘時間積極學習，投放大量的金錢和時間去鑽研強積金的投放技巧，他說不能讓自己辛苦賺來的血汗強積金，無緣無故、不翼而飛。他鍥而不捨遍尋名師修學鑽研，終於有了突破性結果——【湯氏理論】的面世！

當他興奮地告訴我們【湯氏理論】面世，我馬上嚷著趕快過來教我們公司的同事，他義不容辭一口答應！原來 Tom 多年的研究不是為了自己，而是希望利益大眾，讓老有所依，他說不能讓我們的強積金到老一場空！還記得上課當天，我們同事興奮的神情。Tom 常常掛在口邊，說不能貪心，一定要在指定的位置放手，他的苦口婆心，他對人的情懷令人動容。

我是幸運的人，認識到 Tom 更被邀請為新書獻序，我也是笨蛋一名，我要靜靜地買幾本 Tom 的《強積金當家作主》，好好鑽研打理我的強積金啊！

在此衷心推薦 Tom 的新書《強積金當家作主》，祝願 Tom 的新書甫出版便「一掃而空」，願世界上的人強積金大獲勝利，過著幸福愉快、美滿的生活！感謝！

推薦序 / 四

朱阮淑儀
Mrs. Chu

香港兔唇裂顎協會總幹事

自從 2000 年 12 月起，政府實行強制性公積金計劃後，本港的僱主和僱員便
要每個月共同供款。在這計劃下，僱員需自行選擇中介金融機構，負責管理
自己的強積金，並不時更換投資基金以賺取利潤及保值，好使打工仔在退休
後生活有一點保障。

但自強積金實行之後，香港打工仔普遍對其成效感到質疑，因為回報率不太理
想，甚至錄得虧損，而且行政費頗高，這個計劃使中介金融機構成了最大得益者。

以我自己為例，由於曾先後服務過三間公司／機構，所以我有三間強積金的
代理金融機構，非常散亂。加上自己對投資一竅不通，所以只在最初選擇了
一些最保守的投資基金，但這些保守基金的回報率非常低，每年的利潤極為
微小，甚至經常虧損。可是，管理費就每月照交，而且代理金融機構並不會
提供任何投資建議，使我們這些沒有投資概念的打工仔一族感到非常無助。

最近，有幸聽到 Tom Sir 的強積金投資講座，獲益良多。我明白到如果不去管理強積金，不適時轉換投資基金，其實我們的強積金必蝕無疑，賠了管理費，也賠了通脹。現在我把三間代理金融機構的強積金整合為一，經常觀察恆生指數升跌走勢，透過【湯氏理論】去投資一些較有盈利及可見潛質組合，運用一套能降低風險，自己可做到的有效策略，令投資組合實行「先避險，後增值」的理論。相信日後我的強積金週年回報會有所進賬。

在此，衷心多謝 Tom Sir 的指導！

推薦序 / 五

李加福
Jagon Li
資訊科技公司執行官

Tom Sir 是資深的投資專家，作為認識他十多年的晚輩，獲悉他要出書的消息，實在欣喜萬分，心想對廣大投資者也是佳音！不意他竟找小弟寫序，受寵若驚之餘，更擔心文筆平庸，難以表述本書的價值及作者的才略。不過，Tom Sir 在書中分享了許多四度空間的投資技巧、實戰例子，能讓大家在投資時多角度思考，我也不用班門弄斧了。

近年來，四度空間雖已為人熟悉，但市面上卻鮮有書籍深入介紹。投資最怕紙上談兵，只談理論是不切實際的。但我所認識的 Tom Sir，擁有三十多年實戰經驗，亦曾經為投資新手提供專業培訓二十多年，他的投資及教學能力實在非比尋常。書中內容深入淺出，加上 Tom Sir 身經百戰的投資經歷，一定能為大家提供一針見血的分析意見。

認識 Tom Sir 多年，他學識廣博，無論市場投資，還是風水命理，都有自得之見。他跟我們幾個投資界的老朋友常有飯局，席間他總是談笑風生。還記得 Tom Sir 分享了不少人生經歷，如少年斷腳住院的特別遭遇、凌晨三點揸的士送白衣女子入八鄉的奇異事情、幫大公司老闆看風水擺陣等等，都能令大家哭笑不得，嘖嘖稱奇。他幽默的一面以及永不減弱的正能量，總能為身邊友伴帶來歡樂。

最近經濟環境漸趨動盪，新聞亦有報導不少打工仔的強積金見紅，甚至虧損高達20%。另一邊廂，我也見到朋友採用了 Tom Sir 建議的投資方法，在大風大浪中竟能力保不失，甚至有可觀的回報。這都是因為 Tom Sir 所鑽研的【湯氏理論】的三線滙聚、四度空間及神奇號碼，原來有別於其他投資方法，是進可攻，退可守的，能幫助投資者作準確的投資。當然，投資乃是終生修行，在進退之時應抱開放態度，不斷自我改善並學習不同的投資方法，因此再有經驗亦應廣納新見。而 Tom Sir 的新作正是一本相當實用、值得收藏的書籍，可為大家提供獨到的見解，相信能成為讀者在投資路上的最佳拍檔。

當然，一部通書也不能乾讀到老，總要記得投資產品價格可升可跌，留意相關風險，理智抉擇，方可以長賺長有！

推薦序 / 六

劉玉卿
Maria Lau

銀行退休高級職員

MPF 多運動，財富多增長，退休方無憂。

自 2000 年 ORSO 職業退休計劃將公積金結餘轉入 MPF 強積金之後，我便要自行決定每月供款的投資組合及部署。從坊間不同 MPF 講座的分享，我因應自己年齡並曾採取風險分散策略，每年作出一至兩次檢視及基金轉換。今年臨屆退休，打開經過 22 年默默耕耘，為退休生活所儲蓄的 MPF 成績表一看，竟是雜亂分散，成果全是一面倒的失望！

幸好今年獲得 Tom 哥傳承減低 MPF 風險的教學，從這天開始，我把原有雜亂的基金組合重整，並學會睇圖表及看訊號分析（如「早晨之星」、「黃昏之星」、「曙光初現」、「烏雲蓋頂」、三線滙聚、四度空間、Magic Number 混合用法等），捕捉 MPF 入貨及出市先機，準確成功率高達八成以上；我不僅在跌市過程中成功避險，也可從跌市波幅中獲利，現在可說差不多成了半個強積金專家了！

總括而言，Tom 哥的教學使我獲益良多，更深深體會到 MPF 是要多運動，不能長擺「等運到」；冇貨勿貪平，有貨忌太貪，知足常樂；人生的閱歷也恰好應用在 MPF 的管理上。

若你也嚮往日後退休無憂的自在，請萬勿錯失這本書所介紹的每一個 MPF 運動技巧及策略方法，你的財富必能有所增值！

推薦序 / 七

楊劍青
Queenie Yeung
銀行秘書

由 Tom Tom 在銀行黃金部工作開始，直至他今日在證券業務任職，大家認識已經30多年。他不但博學多才，樂於助人，還有一顆行善的心，真令人敬佩。

相信像很多香港人一樣，我對自己的強積金投資組合，從不採取積極進取的態度去管理，也沒有特別去尋求專業意見。在過去股市低潮時，我的強積金錄得驚人虧損。看見自己努力工作所得的回報付諸流水，不論損失多少，任何人都會感到失望吧。

在一次機緣巧合下，我參加了 Tom Tom 在公司舉辦的「強積金投資降險講座」，明白到積極小心去管理強積金的重要性。之後，再慢慢學習，並嘗試實踐風險管理，在高位轉換至較安全的基金，再在股票低位買入比較進取的基金，不單可以保值，更可增加收益。

從開始學習到今天，我的強積金已經比之前有所改進。儘管市場兇險，也做到略有收穫。從我自身的經驗，我認為【湯氏理論】提供了一套有效的強積金管理策略，再加上容易學習及上手，確實值得大家學習參考。

本書載述了 Tom Tom 的寶貴知識和經驗，而版稅收益更會用作慈善用途。希望大家支持本書，讓自己增進知識和投資有所得之餘，更可以做善事，實在一舉兩得。

在此，祝 Tom Tom《強積金當家作主》暢銷全港！

推薦序 / 八

莊佩珊
Miranda Chong

註冊會計師

身為一名會計師，平日工作很忙碌，所以自己對強積金的管理比較被動。一年之中，轉換基金的次數很少，而且效果不大理想。因為通常都是在市場事件之後才作轉換，所以都是按事後的基金價格交易；特別是在轉換基金時，並不知道當天的基金價格，需要在兩天後才能知悉真正的轉換價格。這樣我對基金價格的掌握便逐漸降低，從而又引致轉換次數更加少，轉換強積金基金的意欲就慢慢淡下來，自自然然就極少去管理自己的強積金了！

很慶幸去年參加了一位認識多年的同事——Tom Tom 所舉辦的投資課程，明白到在不同的市況下，選擇不同類型強積金的重要性。從他簡易的【湯氏理論】中，學習到管理強積金的有效投資策略，明白到要「郁動」，才能增加「贏面」。更學懂了管理強積金時，要「先避險，後保值，再增值」的有效策略。在短短幾個月間，我的強積金表現已有明顯改善！

真感謝 Tom Tom 教會我生命之中其中一項最有價值的知識，為未來退休的日子作出更好的準備。十分感激！

推薦序／九

關富榮
Sam Kwan

銀行主任

未上 Tom 哥投資課堂，不知應該買甚麼強積金、不知怎樣做、又不太熟悉股票和基金，只知用平均買入成本法每月供款，望天打掛，但回報極低！

上了課堂後，學會了幾款簡單的技術型態，如應該入貨時有「早晨之星」及「曙光初現」；應出貨時有「黃昏之星」及「烏雲蓋頂」等等，非常簡單易做。再加上【湯氏理論】獨有的三線滙聚，輕鬆找出入市及出市位置，更有從神奇號碼中找到支持及阻力！在學習這些技術之前，我絕對沒有想過，投資技巧可以這麼快及容易學得到的。

根據課堂教授的知識，整合了自己的強積金，並按照 Tom 哥指導留意信號買入賣出，現時我已能輕易管理自己的強積金！首先學會避險策略，再等型態出現訊號時出擊，比起原來的平均買入成本法，得到非常滿意的回報！

推薦序 / 十

毛詠茵
Eliza Mo
證券公司營運部主管

認識譚志強先生 (Tom 哥) 已經多個年頭，想起當年認識 Tom 哥的時候，我還是一個初投身社會工作的典型「打工仔」。自加入銀行附屬公司證券業務的交收部做文員，就這樣做了 Tom 哥的下屬。

記得當我做到主任級的時候，薪金開始調高，儲蓄也增加，亦開始學人買股票投資，但以我當時的認知，怎會懂得分辨甚麼是投資？甚麼是投機？只要有錢賺就已經很開心！到了 2000 年實施強制性公積金計劃，而我的公積金亦走不掉，被轉為強積金，這個方案表面上好像不錯，把你的薪水儲起 5%，僱主也幫你儲 5%，讓你退休有保障！

日子飛逝，每個月、每個年頭不斷被盲目地扣起 5% 薪水……有一天有人問我：妳的強積金投資組合如何分佈？當我回答：當然是放在保本基金啦！是最穩陣的！跟著這個人又問我知不知道強積金只可以買升，不可以買跌？後來我開始留意自己的強積金戶口結餘，發覺這樣的投資方法，一定追不上日後的通脹，就算把錢放在保本基金也不一定可以「保住個本」！

之後，這個人無私地在公司開班，讓同事不單是認識強積金，而是認識「怎樣管理自己的強積金」！這個人——譚先生經過多年研究、管理自己的強積金，開始將心得傳承給每一位同事、朋友……亦因如此，身邊多了很多同事、朋友懂得如何管理自己的強積金，令不同階層的打工仔，都意識到自己的血汗錢不是「白儲」的，而是學會「強積金當家作主」，避險後保本再增值，就不會白白浪費自己辛苦儲來的薪金了！

到現在自己算是學有所成，可以輕易處理自己的投資組合，更在跌市中也有相當可觀的回報！真心多謝你 Tom 哥，你把你意識到的、學習到的、研究到的，都無私奉獻傳承給大家！是我們學習的精神榜樣！

作者序

譚志強（Tom Tom）
【湯氏理論】始創人

四十年磨一劍，【湯氏理論】面世！

回想在成長過程中，經歷不同大大小小的特別事情，歷練到豐厚的人生經驗。

雖然自幼家貧，但父母都想自己的子女讀書成才。偏偏自己在40年前預科畢業後，第一份工作是當信差。父親當小販，當知道辛苦供讀兒子的結果，感到非常不開心及懊惱！因他不知道兒子是加入了一間規模非常龐大的貿易公司，當時的總公司在日本，而香港分公司亦有2千多名員工。

輾轉做過幾份工作，幸運地加入了銀行黃金部，適逢黃金熱潮，每日處理的黃金數以噸計。及後有幸臨時調配去處理外滙零售業務，負責去20幾間分行安裝「蘋果牌外滙報價機」，又嘗試「揸盤」，還記得當時澳元及紐西蘭元利率高達30厘以上。

其後調去銀行證券部學習1年，再去銀行新開設的附屬證券公司工作，到如今已34載了！當年少不經事，經常碰壁。記得第一次投資自己所工作的銀行的上市股票，因為低沽而損失慘重，之後下定決心不炒股票，還是努力工作吧！

到2000年12月香港政府推出強積金計劃，當時銀行亦由原本的公積金計劃轉入強積金，自己亦對強積金不大了解，只設定每月供哪隻基金就不理會

了！過了8年後，才發覺自己的基金表現不太理想。當時正值香港股票市場熱炒中港概念股，剛好自己供款的強積金公司以$1.00發行一隻新中國及香港股票基金，倚仗自己還年輕，便把全部資金轉入此基金一搏，確信此基金管理公司的投資既安全又穩健！

1年後再上網查核，即時大吃一驚，該中港基金居然跌了一大半，跌破到$0.50以下，原有價值100萬港元的基金，損失一大半到只剩40多萬，這時才真正醒覺到自己要當家作主管理強積金！

但對強積金毫無認知的我，如何管理呢？唯有四出尋找坊間有名氣的投資課程來上課，又不經不覺讀了3年，上盡所有金融界名師的課，一路上課學習，大部分技術分析課程都已上過了，例如：陰陽燭K線圖、保力加通道、移動平均線、相對強弱指數、趨向指標及移動平均滙聚背馳指數等等，可惜成效一般！

最後經同學介紹，獲一位不太出名的海歸派老師教授獨有秘笈，當然學費不菲，再經自己用10年時間埋頭研究、改良測試，終於研發成功一套贏面可達八至九成的【湯氏理論】策略。

然後再用3年時間在自己的強積金上實戰，用【湯氏理論】的陰陽燭選型態，配合三線滙聚的趨勢線，再加上四度空間尋找支持與阻力的法則，足令我的成功率達九成以上，更使我的強積金價值由蝕剩40多萬，飆升到120多萬，效果令人十分滿意！

然而想獲得以上佳績，必須嚴守紀律，出現型態訊號就必須行動；要識止賺，更要識止蝕，保留資金，在轉勢時出擊；多練習、多研究、多郁動，就會增加贏面，這樣才不會令自己的血汗錢付諸流水！

有朋友問為甚麼出這本冷門書籍？事緣多年前有幾位將退休的同事找我幫忙，說他們的強積金蝕得很慘，問我可否幫他們管理？甚至把帳戶密碼給我幫他們轉換基金！有見及此，決定開班教授，估不到報名踴躍，課程很快便爆滿，更令我滿足的是他們很快學懂，能夠自己管理強積金，而最開心是大部分學生都有理想回報。

再者，本人受到霍韜晦老師在臨終前還努力寫書傳承之感動，於是決定著書發揚【湯氏理論】，傳承幫助有需要的人士，並把版稅得益捐給慈善機構！除了承傳下去，幫助更多人在強積金當家作主外，亦可再幫助多些有需要的人士。希望各位鼎力支持，一舉兩得！

編者序

李家輝 Allan Lee
寫作人

遇見【湯氏理論】，成功當家作主！

強積金，我從來沒有想過要管理，一路都只是放著不理。

皆因「針不拮到肉便不知痛」，似乎離提取強積金還有一段人生旅程，便沒去想到最後還有多少結餘，總之到時再算。但原來這觀念是錯的，而且大錯特錯！

讓我醒覺的正是本書《強積金當家作主》的作者 Tom Tom，認識他是在 2022 年 7 月 14 日，當時由陽光洗衣集團創始人夫婦 Ringo 和 Apple 介紹，他們亦有在本書賜推薦序。

還記得那晚飯聚，大家高談闊論，Tom Tom 道出了他的肺腑之言：「希望我們可以幫助更多人，知識就是力量，知識就是財富，更希望此種正能量能傳承下去，延續老師（霍韜晦教授）的精神，令更多人受惠，無謂把辛苦儲來的血汗錢一下就被吞噬！」

Tom Tom 想出書講他的【湯氏理論】，幫助強積金苦主，並將收益撥捐慈善機構，他這份利他及傳承的精神實在令人敬佩！因緣際遇，我有幸為本書的編者。但說實話，我對強積金管理和投資可說是門外漢。

很慶幸從 Tom Tom 身上學習到【湯氏理論】！當中提到很重要的專業投資知識及工具如陰陽燭、移動平均線、四度空間、大飛滑梯、早晨之星、黃昏之星、曙光初現、烏雲蓋頂及神奇號碼等等。但更重要的是包含了令我成功在強積金當家作主的「湯氏心法秘笈」及「湯氏管理哲學」二十八條，可說是起死回生、轉虧為盈的強積金管理哲學。

《強積金當家作主》結合 Tom Tom 多年來管理強積金的實戰經驗及他親身授課的寶貴心得，相信不僅能幫助即將退休的人士，但凡擁有強積金的人也應該花一點時間，認真學習和實踐【湯氏理論】。祝願人人當家作主！擦亮我們辛苦儲起的血汗錢！

湯氏心法秘笈

投資必須留有餘地，
不能過勇去盡搏殺。
三線滙聚必爆一邊，
四度空間潛力可見。
滑梯轉上入市良機，
大飛轉弱出市靚位。
訊號出現秒殺行動，
嚴守紀律勝算倍增。

從不動，即賭博；
偶爾動，屬投機；
經常動，乃投資。

強積金，要管理。
每十年，大跌市。
長期等，只會蝕。

退休時，才醒覺。
若醒覺，不太遲。
要止蝕，懂避險。
留實力，再翻身。

血汗錢，要擦亮
講紀律，先避險
後保值，再增值。

強積金，要認知。
破迷思，增見識。
頻實踐，退無憂。

山不動，輸得多。
輸一成，便要走。
留實力，低位買。
守紀律，可翻身。

1.1：歷史候群綜合症（證）

強積金能否抵禦循環不息的股災？

強積金是打工仔辛辛苦苦儲下的退休血汗錢，經過歷史中循環不息、大大小小的股災，血汗錢隨時散盡。能否抵禦這歷史中的洪流，在乎當家管理強積金的心態。

本人憑著過往30多年對股票投資的經驗，上課教授的學員為數超過3,000多人次，發現大部分人的強積金都是只放著而不管理，結果大多是不太理想的表現。

事實是股票跌多過升，投資強積金也會跟隨股票波動。例如中國及香港股票基金，基本上由面世到現在是沒有增值回報，因為根據股票走勢，10多年來香港股票累計都沒有升過，其收益結果是負數。

更甚的是，根據股票歷史見證，每10年便會出現2至3次的大跌市（見圖表1.1），主要是受經濟問題或政治因素所影響。

圖表1.1　香港股災歷史

年代	股災年份	重大政經事件	跌幅達
1960年代	1965年	廣東信託銀行擠提事件	24.71%
	1967年	1967年香港暴動	31.70%
1970年代	1973年	「置地飲牛奶」事件	91.54%
1980年代	1981年	中英會談陷入僵局、港元大跌	62.64%
	1987年	黑色十月環球股災	52.50%
	1989年	六四事件	35.29%
1990年代	1994年	美國大幅加息、中國經濟宏觀調控、墨西哥金融危機	45.31%
	1997年	亞洲金融風暴、紅籌股泡沫、地產業泡沫	61.09%
2000年代	2000年	科網股泡沫爆破、九一一恐怖襲擊、沙士事件	54.71%
	2008年	次貸危機、環球金融海嘯	66.59%
2010年代	2011年	美國債務上限危機及歐洲主權債務危機	35.29%
	2015年	中國融資融券風暴、人民幣及港元弱勢、2016年中國股票市場熔斷機制實施	36.06%
	2018年	中美貿易摩擦、全球增長放緩、美國政治不穩以及加息	10.11%
2020年代	2021 - 2022年	中概股監管風波、恆大債務危機、俄烏戰爭、新冠肺炎大流行	52.97%

根據強積金研究機構積金評級指，受到2022年12月美國和環球股市下跌影響，估計2022年強積金全年賬面投資虧損約1,869億元，下跌幅度超過15%，全年虧損僅次於2008年股災。

可見，每當股災發生，強積金的表現也會相對較差，錄得大虧損！

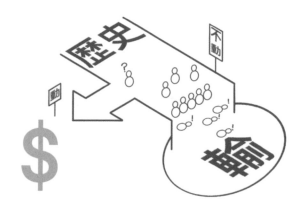

為何大部分打工仔的強積金都是蝕？

原因很簡單，因為大部分人的強積金都是用平均買入法，長期持有，從不離場。但每10年便出現大跌市，導致打工仔的強積金輸價位兼輸機會，還輸掉了管理費。所以，「長期持有就會贏」是錯誤的觀念，通常都是輸多過贏。

一般人的心態，都以為每年用平均買入法就會賺錢，但實際上很多人採取長期持有的策略，高位不去賺，跌市便宜又不去入貨，結果股價長期下跌，更蝕掉了管理費。

大部分人認為投資股票贏面有50%，但此觀念是錯的，其實股價不升不跌也算輸，因為輸了時間值及機會成本。兼且跌的情況更是輸，即表面看贏面也只有三分之一，另外要考慮管理費，因此贏面只有六分之一。

由於大部分人對強積金都有錯誤的觀念，形成長期不理的一份慣性，跌市時就更加理不到，唯有「等運到」，此為「歷史候群綜合症」。

綜觀而言，當大家不斷經歷「歷史候群綜合症」，結果是輸多過贏，足以證明長期持有只會成為輸家。

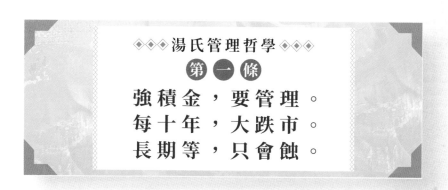

◆◆◆湯氏管理哲學◆◆◆
第一條
強積金，要管理。
每十年，大跌市。
長期等，只會蝕。

1.2：大數據分析，勝算有幾高？

大家有管理自己的強積金嗎？

根據課堂上和 3,000 多人次所做的一項有關強積金管理的問卷調查，
得出以下結果，印證了章節 1.1 所述的「歷史候群綜合症」：

90% 人從不管理強積金，即「從不動」；

8% 人會一年處理 1 至 2 次，即「偶爾動」；

2% 人會經常管理，即「經常動」。

一般人都誤解強積金「不動」是投資，但其實 90% 的人都是在「賭
博」，因為他們都在聽天由命；8% 的人在「投機」，因為他們在有消

息、股市升才入市，跌市便出貨，跟隨大市走勢，每年處理強積金1至2次；而只有2%的人是真正在「投資」，因為他們懂得經常運用避險的方法去管理，有止蝕和止賺的投資策略，贏面機會亦較多。

所以大部分人認為自己的強積金是投資，其實只是賭博概念；又或只視強積金為在退休時提取的退休保障，期望自動會有好回報。這些觀念是值得懷疑的，正確的取態應該是用投資策略去管理強積金。

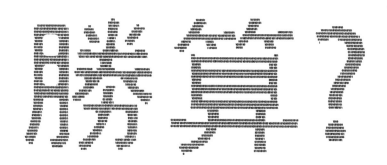

大數據分析的結果有甚麼玄機？

雖然強積金自2000年12月1日正式實行到現在已經超過22年，但是我們只需用16年的大數據，便足以證明不管理強積金所帶出的問題，特別是年輕一代，不需等到退休都已知是輸多過贏。從以下兩個有關恒生指數的的圖表分析（圖表1.2 & 1.3），便知強積金「從不動」的勝算有幾「高」。

圖表1.2 恒生指數每月波幅表（截至2023年3月31日）

	一月	二月	三月	四月	五月	六月	七月	八月	九月	十月	十一月	十二月
2023	3397	2528	2176									
2022	2273	2644	4702	2858	2237	1752	2148	1094	2823	3567	3786	1569
2021	3112	2801	2407	1131	1621	1274	4111	2241	2789	2553	2571	1720
2020	2879	2066	5666	2099	2247	1764	2256	1680	2130	1296	2808	1342
2019	3114	1480	1285	896	3232	1962	1307	2854	1868	1505	1697	2424
2018	3456	3919	2158	1575	1801	3352	1337	1902	1812	3175	1831	1946
2017	1513	1220	1218	993	1459	532	2124	1264	948	1062	2062	1863
2016	3261	1492	1765	1609	1467	1689	1997	1469	1521	1290	1310	1587
2015	1682	876	1436	3663	1334	2237	3622	4059	1861	2294	1435	1553
2014	1723	1789	1701	1128	1529	596	1785	1052	2508	1480	1060	1660
2013	1056	1500	1286	1440	1221	3138	1950	1230	1605	895	1552	1398
2012	2288	1490	1267	1070	3007	1523	1158	849	1819	1081	1052	1031
2011	1376	1535	1811	1000	1405	2197	1224	3940	3473	4102	2600	1489
2010	2756	1357	875	1625	2040	1745	1422	1293	1909	1363	2206	1218
2009	3324	1341	2913	2565	2707	1786	3527	1605	2504	2315	2097	1661
2008	6144	2532	3350	3366	2287	3150	2380	2531	4783	7609	3503	2436
2007	1621	1193	1221	1195	904	1652	1597	4702	3677	5212	6036	3869

如圖表1.2所示，近4年大多數月份都有超過2,000點波幅。假設波幅中一半升、一半跌，即每月升約1,000點，每年便有約12,000點的升幅。但實際上結果並不似預期，且看圖表1.3的恒生指數年度數據分析便知端倪。

圖表1.3 恒生指數年度數據分析（截至2023年3月31日）

年份	開市	收市	全年最高	全年最低	全年波幅	從開市到全年最高	從開市到全年最低	年末對比上年升跌	當年入職到現在升跌
2023	19,570	20,400	22,700	18,829	3,871	3,130	-741	-154	830
2022	23,510	19,781	25,050	14,597	10,453	1,540	-8,913	-3,616	-3,110
2021	27,087	23,397	31,183	22,665	8,518	4,096	-4,422	-3,834	-6,687
2020	28,249	27,231	29,175	21,139	8,036	926	-7,110	-959	-7,849
2019	25,824	28,190	30,280	24,897	5,383	4,456	-927	2,344	-5,424
2018	30,028	25,846	33,484	24,541	8,943	3,456	-5,487	-4,073	-9,628
2017	21,993	29,919	30,200	21,884	8,316	8,207	-109	7,918	-1,593
2016	21,783	22,001	24,364	18,279	6,085	2,581	-3,504	991	-1,383
2015	23,684	21914	28,589	20,368	8,221	4,905	-3,316	-1,691	-3,284
2014	23,452	23,605	25,363	21,138	4,225	1,911	-2,314	299	-3,052
2013	22,860	23,306	24,112	19,426	4,686	1,252	-3,434	649	-2,460
2012	18,771	22,657	22,719	18,056	4,663	3,948	-715	4,223	1,629
2011	23,136	18,434	24,469	16,170	8,299	1,333	-6,966	-4,601	-2,736
2010	21,860	23,035	24,989	18,972	6,017	3,129	-2,888	1,162	-1,460
2009	14,448	21,873	23,100	11,345	11,755	8,652	-3,103	7,486	5,952
2008	27,632	14,387	27,854	10,676	17,178	222	-16,956	-13,426	-7,232
2007	20,005	27,813	31,958	18,659	13,299	11,953	-1,346	7,849	395

如圖表1.3所示，從2007年開市到2023年3月31日收市，16年間的恒指升幅只有395點！如果16年前投資香港股票，一直持有不動，16年後得到的利潤連強積金管理費都不夠支付。但細心看看兩個圖表，其實每個月和每年，恒指都有不少波幅，即使是波幅最小的月份也有500多點，每年實際平均波幅更有約8,000點。即代表波幅大過升幅，一年可以有幾十個波幅，而升幅幾年才有一次。

其實不單止香港，其他地方如美國、歐洲、亞洲等都是波幅多過升幅，除了間中有幾年是升幅較多之外。持有強積金不動，能為你帶來利潤的卻是升幅，而不是波幅；所以在管理強積金時，大家更要當家作主，把握買入及沽出的時機。

你可有計漏強積金管理費？

若幸運地遇上大升市，持有強積金不動，理論上也能享受到升幅帶來的利潤。但問題是，強積金是要支付管理費的，數據顯示，即使大市升，強積金也不一定會贏，因為要抵消管理費。

根據銀聯信託有限公司的資料，進取基金管理費約為1.20至1.50%，中國及香港股票基金約為1.43%，保守基金則約為0.88至1.40%。換句話說，即使大市不升不跌，你的強積金仍會每個月因為抵消管理費而白白損耗！

所以再問大家一次，你的強積金勝算有幾高？根據大數據分析，如果買了港股不動，長遠而言不只是輸了利潤那麼簡單，更輸了管理費及機會成本。

因此證明不是長期持有、平均買入便能贏，而是要有策略地逢高要沽，逢低必入，頻密地管理才會贏。

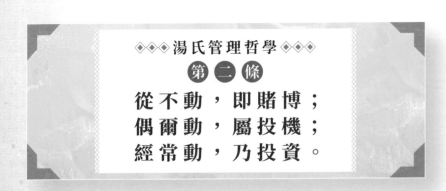

◆◆◆ 湯氏管理哲學 ◆◆◆
第二條
從不動，即賭博；
偶爾動，屬投機；
經常動，乃投資。

1.3：謬誤大破解

大家對強積金的認識有幾深？

當大家的強積金蝕到「入肉」的時候，就知道自己對強積金的認識有
多深！

不少人對強積金都只是一知半解，甚至是有很多的誤解和迷思。而坊
間亦有不少謬誤，聽起來又似曾相識、疑幻疑真，漸漸迷思處處⋯⋯

所以，從來上我課堂的3,000多人次當中，我精選出最多人問的問
題，總結成「強積金八大迷思」，以下再逐一為大家來個謬誤大破解。

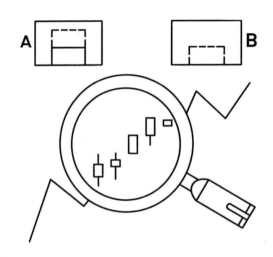

迷思一 **強積金可否今天買入，明天沽出？**

很多朋友覺得不能這樣做。大部分人士因感覺自己的強積金是長遠投資，以為買入後等到退休才提領，絕對沒有想過自己的強積金可以今天買入、明天沽出。所以，他們都沒有查究自己的強積金可否這樣做？答案是大部分強積金公司都容許今天買入、明天沽出的。

迷思二 **買賣強積金是否有差價？**

很多朋友擔心買賣強積金時有差價，令成本增加，以為買賣次數越多，成本就越高。其實此種想法絕對錯誤！因為強積金買賣是沒有差價的。就算有差價，基金如有一定的利潤足以抵消買賣差價，我們都必須走一轉。

迷思三　買賣強積金是否有手續費？

強積金收費所計算的不是每次買賣的手續費，而是基金管理費，大部分基金管理費約為年費的 0.50% 至 1.80% 左右。較保守的基金管理費會較低，越高風險的基金管理費就越高。而基金管理費多以每日平均價扣減在基金價格中，所以當每次買賣時，管理費成本已經反映在基金價格內。換句話說，除上述費用以外，多數基金並不會再收取額外的手續費。

迷思四　強積金是否有每年買賣次數的限制？

強積金沒有每年買賣次數的限制，但有規定在每一個交易日內，只可做一次基金交易。

迷思五　今日下單，是否兩天後計價？

很多朋友以為今日下買賣盤，兩個交易日後才計算買賣價。其實制度已經不同了！近年很多強積金公司，已經做到在交易日下午4時前下指示，就可以按當天基金收市價交易，只是在兩個交易日才交收（即T+2），待交收後強積金戶口內才會反映所買賣的基金單位。

迷思六　因為強積金不能提早領取，是否等到期才計賺蝕？

一般強積金有兩類戶口:(1) 強制性供款戶口及 (2) 自願性供款戶口。強制性供款戶口結餘一般在 65 歲時才可提取，提取時以當時基金單位價格兌換港元計算，所以價值多與少、賺與蝕，視乎到期沽出時的基金數量及價格之價值。因此如果我們能夠在到期前，將基金逢高沽出、逢低買入，在適當時機多次轉換，就可在遇上市場不利時避險兼保值，再看準時機增值，大大提高基金數量及價值，到退休時自然可得到更穩健的保障。

迷思七　應否將零碎基金從其他強積金公司整合到同一個基金戶口？

到一間新公司工作時，根據香港特區政府《強制性公積金計劃條例》，公司必須為僱員開一個強積金戶口，而每間公司可選擇不同的強積金公司。所以，如果一位人士轉了幾間公司工作，就可能會持有幾間不同強積金公司的強積金戶口，所屬基金會分散到不同公司處理。如果所有基金全部不停升值當然沒有問題，但根據章節 1.1 所述，股票市場每 10 年就出現 2 至 3 次大跌市，那時要處理多個強積金戶口就相當麻煩了。所以，有必要整合強積金到一間公司，讓我們較為方便處理投資。

迷思八　應否用其他投資工具做對沖？

如果恰當地處理強積金投資，就不需要額外投資對沖工具來增加風險。隨著之後的篇章，相信可令大家簡易學通【湯氏理論】，在強積金運用「先避險，後保值，再增值」的投資策略，足可令大家退而無憂！

其實強積金的迷思又何止八個，但重要的是，我們要先認知強積金，才可好好管理我們的強積金，相信【湯氏理論】幫到大家。

◆◆◆湯氏管理哲學◆◆◆
第 三 條
強積金，要認知。
破迷思，增見識。
頻實踐，退無憂。

1.4：不動如山，後果為……

一般投資者有甚麼心態？

已故歌星陳百強有一首經典名曲——《等》：「等，寂寞到夜深，夜已靜荒涼，夜已靜昏暗……」

當股價上升，投資者稍獲微利時，他們就會像陳百強這首歌一樣，等，等股價再升高點。

當股價急升，有高獲利回報時，多數人選擇再等，認為應該還有上升空間。

當股價牛皮，不升不跌時，仍是再等等，認為等等就應該會再次上升。

之後，迎來了股市下跌，很無奈！唯有「溝貨」再加碼。

最後，「歷史候群綜合症」出現，股價急瀉！斬倉離場？以後不投資股票？

「苦澀，慢慢向著心裡滲，何必抱怨……」陳百強的《等》，依稀也道出了一般投資者的心態，帶來了一點共鳴。

大部分投資者都是「好勝不知輸，好輸不識蝕」！

於是便像陳潔儀的《等了又等》：「教我怎麼安排自己一生，教我心碎了如何傷過重生，教我怎樣抹去時光留痕，再為希望點一盞燈。」

強積金亦如是，等了又等，如不當家作主，「教我怎麼安排自己一生」！【湯氏理論】便是要幫大家「再為希望點一盞燈」。

投資損耗要還本，需要多少回報率？

原來要還本一點也不易，參考圖表1.4便一目了然。

圖表1.4 投資損耗，還本所需回報率

投資損耗	剩餘本金	還本	所需回報率
10%	$90	$100	11.11%
20%	$80	$100	25.00%
30%	$70	$100	42.85%
40%	$60	$100	66.66%
50%	$50	$100	100.00%
60%	$40	$100	150.00%
70%	$30	$100	233.00%
80%	$20	$100	400.00%
90%	$10	$100	900.00%
100%	$0	$100	難以翻身！

投資損耗增加，還本所需的回報率將以幾何級數遞增！因此要根據紀律做買賣，但有些人偏偏升時不會賣，再升更加不賣，跌時便溝貨，而九成投資者都是懂得溝、不懂走！

因此，如章節1.1曾提及，投資的強積金只有六分之一的機會贏。如投資100元，輸了10元，便要追回11.11%；若輸20元，便要追回25.00%，要有能力才追得到；若輸到30元，便要追回42.85%，已近乎沒有翻身機會。

又正如「歷史候群綜合症」，每10年可以有2至3次股災，萬一輸更多便要幾何級數的遞增才追得到回本！結果是極度難追，贏面很少！

所以，投資股票要懂得止蝕，當遇到高風險時要轉保守基金，否則後果不堪設想。我提議大家自己當家作主，看到基金價格及入市方向，用中國及香港股票基金做投資。詳細的技巧，我會在接下來的章節逐步講解。

不動如山的後果可以是怎樣？

歷史證明投資不動如山，後果多數是虧損。不動，輸得多時便難以翻身。以前有專家說買入股票後不要動，長揸就會贏，但連電視節目也開始講要動強積金，所以大家要明辨是非，就如上一章節所言，要「謬誤大破解」。

大家要記住，永恆的投資心法都是「想要贏錢，先贏自己。久守必失，久攻必破」。建議輸10%就要走，要保留實力，在低位再買。

如何應用【湯氏理論】適當止蝕？

既然不動如山可以輸得很慘，現在讓我們來看看萬一遇上跌市，應用
【湯氏理論】來合理止蝕，可以達到如何不一樣的效果！

圖表 1.5
2022 年 1 月 20 日的買入盤 vs 2022 年 2 月 14 日的賣出盤

在 2022 年 1 月 20 日下午 2 時 42 分，Tom Tom 賣出強積金保守基
金，買入中國及香港股票基金，當時恒生指數是 24,952 點。

在 2022 年 2 月 14 日下午 3 時 42 分，落盤沽出中國及香港股票基
金，當日恒生指數收市是 24,556 點。和買入時比較，跌了 396 點
（1.59%），但 Tom Tom 根據【湯氏理論】，看出後市會繼續跌，決
定止蝕，沽出中國及香港股票基金，買入強積金保守基金。

圖表 1.6 上述 Tom Tom 兩個交易盤的買入價與賣出價

資料提供：etnet 經濟通

換成一般投資者，大概會選擇再等等，不動如山，甚至溝貨，總之就是不會走。然後，就讓我們來看看假若不走，後果如何？

圖表 1.7　Tom Tom 沽貨後的短期恒指走勢

資料提供：etnet 經濟通

可以看見，Tom Tom 沽貨後不久，恒指直線下降。如果有些投資者仍然想等等，就讓我們看看繼續等下去的後果！

圖表1.8 Tom Tom 沽貨後的長線恒指走勢

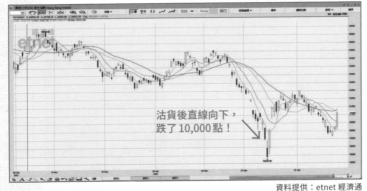

沽貨後直線向下，
跌了 10,000 點！

資料提供：etnet 經濟通

結果是最後跌了10,000點！所以，跌了2至3%便要走，最多跌至10%便一定要走！這樣才有能力做到保本，在低位追回，這也是【湯氏理論】首要的條件。大家只要細心想想，便會明白是在跌了300多點時止蝕，抑或要等跌了10,000點，會較容易翻身！

若問我Tom Tom怎樣才能立於不敗之地？「萬物美好皆因心上善，投資失利只因心未定」！

◇◇◇湯氏管理哲學◇◇◇
第四條
山不動，輸得多。
輸一成，便要走。
留實力，低位買。
守紀律，可翻身。

1.5：退休才醒覺，是否太遲了？

強積金應該何時買入及賣出？

相信不少把強積金放在高風險基金的臨退休人士，到拿出來時都是負數，皆因沒有好好管理。

有些人覺得強積金不影響生活費，便沒有理會。當發現強積金虧損時，又會覺得不甘心。

電視節目也有講到「強積金不是用來放，而是用來炒」。所以，要在高位前走貨，並且要一早決定止賺位和止蝕位。有時蝕一點都要走，以保存實力。我們應該盡早開始當家作主，越早為自己打理，贏面越高，到退休提取強積金時，才會有令人滿意的成績！

到退休時才醒覺，會否太遲？

不會太遲，因為要到
65歲才能拿到強
積金，而學會了
【湯氏理論】後，
短期內便可以翻身。

即使60歲退休，也要等到65歲才可以拿回強積金，即是你仍有5年
時間可以在市場的波浪中賺取利潤。但要懂得應用【湯氏理論】止蝕
和避險，亦要保留實力，輸10%便要走，低位就有能力再買。

當然，如果可以在年輕時已經學懂管理強積金，其結果可以是更不一
樣。那便早早不用愁，真正達到退無憂。

◇◇◇ 湯氏管理哲學 ◇◇◇
第 五 條
退休時，才醒覺。
若醒覺，不太遲。
要止蝕，懂避險。
留實力，再翻身。

1.6：擦亮你的血汗錢～強積金

如何擦亮強積金中的血汗錢？

無論強積金的狀況如何，都可以用【湯氏理論】三部曲去管理。首要是「避險」，然後是「保值」，之後再「增值」。

避險要先學會投資的紀律，要有心理的質素。正向的思維方式很重要，不存在負面的影響，並且每次要檢討挫敗的原因，這也是獲得投資優勢的首要條件。

上一章節已經介紹了「避險」，還有「保值」和「增值」。

如何做到「保值」和「增值」？

子曰：「工欲善其事，必先利其器。」要做到「保值」和「增值」，除了必須有紀律外，還需要具備相關知識及有效的工具。

管理強積金，有些人會選擇分散投資，但這個方法不太理想。要當家作主，不是去跟隨基金經理的選擇，而是自己根據股市走勢上落去賺錢。先要找自己熟悉的基金買，當日知道趨勢，便馬上行動。

根據我 Tom Tom 多年的投資經驗，其實只要選擇兩種基金，便足以好好管理強積金。

要「保值」，可選擇保守基金／穩健基金／保本基金作防守用途，當作現金持有用以避險，保留實力伺機進攻。每年大約有 300 天是把強積金放在這種基金。

要「增值」，便要採用進取型基金。無論大家的強積金放在任何強積金管理公司，都要選擇買中國和香港有關的基金，例如中國及香港股票基金。因為它們和恒生指數掛鈎，升幅跟足恒生指數；如下跌時，因有基金經理作風險管理，理論上價值損失未必跟足跌幅。特別是當日看若恒生指數升跌，就可預計到基金價格上落，所以要選一隻穩定以及風險不高的基金，其他進取基金升會升很多，但跌也可以跌很多，而和中國及香港指數有關的基金，比例上會跌得較少。每年大約有 60 天是把強積金放在中國及香港股票基金。

大家只需要在這兩種基金轉換及買賣，便可以輕易管理強積金，自己當家作主。

香港人，你們的血汗錢，
知否失去多少賺錢機會嗎？

相信大家到現在，應該已經知道自己的血汗錢失去了多少賺錢機會，
所以從今要當家作主，「先避險，後保值，再增值」，擦亮你的血汗
錢。世間沒有不勞而獲，要退而無憂，便要無休，好好管理強積金。
在下一章「一套戰略打天下」會為大家介紹一套戰略，三種工具。

◇◇◇湯氏管理哲學◇◇◇
第六條
血汗錢，要擦亮。
講紀律，先避險。
後保值，再增值。

總結本章，為讀者送上「黃金十話」：

〖黃金十話〗

1. 以入市資金三分之一作為每單交易單位。

2. 先訂立目標賺錢價位。

3. 另以每單交易資金之10%作為止蝕上限。

4. 到價止蝕，切忌睇睇先。

5. 如手風不順，輸兩次即停。

6. 手順者到賺錢價位，先平一半倉。

7. 另一半應即訂止賺位，候其向上。

8. 如遇轉勢，回落到止賺位，應即平倉。

9. 切忌加碼溝淡蟹貨。

10. 切忌睇睇先。

高開低收，是為陰燭。
低開高收，是為陽燭。
兩極陰陽，尋找型態。
出市入市，運籌帷幄。

一套策略，三種工具。
陰燭陽燭，尋找型態。
三線滙聚，必爆一邊。
四度空間，支持阻力。

四式轉勢，洞悉先機。
早晨之星，入市良機。
黃昏之星，走貨靚位。
曙光初現，滑梯買貨。
烏雲蓋頂，大飛沽出。

三線滙聚，必爆一邊。
滑梯轉上，入市良機。
大飛轉勢，出市靚位。
跟勢隨波，尋覓訊號。

2.1：一套戰略打天下

管理強積金用甚麼戰略？

強積金要在低位買入，高位賣出，看似容易，但實踐難。

古有寓言，庖丁用刀去解牛，要順應自然規律的道理，只要對事物透徹了解，便能夠得心應手，運用自如。

今有一套簡單易學而有效的混合戰略，由強積金專家 Tom Tom 獨創的【湯氏理論】，助大家當家作主管理強積金。【湯氏理論】包含三把寶劍，三劍齊發，所向披靡，贏面可達九成。

頭兩把寶劍分別是「陰陽燭」的 K 線圖及「移動平均線」的三線滙聚，
能達到「先避險，後保值，再增值」，但要選擇適合的投資組合。

當初學者能將兩把寶劍運用自如，便可以再學習高級版，加上第三把
寶劍「四度空間」！四度空間的聚焦區在現價以上高位是阻力，在現
價以下低位為支持，要跟勢隨波，尋找支持與阻力位，從低入市，從
高出市，讓基金增長。

「陰陽燭」的 K 線圖是甚麼？

陰陽燭，又稱 K 線（Candlestick chart），用來看每日市況的型態，
讓大家知道應該買入還是沽出。

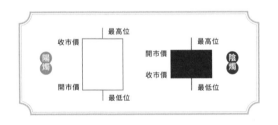

陰燭代表開市高，收市低，即「高開低收」；陽燭代表開市低，收市
高，即「低開高收」。

陰陽燭反映趨勢性，真金白銀反映開市價和收市價，港股市場一日
成交額達一千億港元，陰陽燭中間沒有雜質，是相當易讀、易懂，
且實用有效的一種圖線工具。其他指標包括相對強弱指標（Relative

Strength Index, RSI）及平滑異同移動平均線指標（Moving Average Convergence & Divergence, MACD）等，但容易陷入技術陷阱和技術失誤。因此，【湯氏理論】的第一把寶劍，選用更為簡單而準確的「陰陽燭」K線圖！

K線圖有分鐘圖，分別有1分鐘、5分鐘、15分鐘、30分鐘及60分鐘，還有日線圖、週線圖、月線圖和年圖。本書主要用日線圖，下一章節2.2「兩極陰陽尋型態」會更詳細為大家講解陰陽燭。

用陰陽燭找出入市的型態，基本上已可以達到七成的贏面。但為了把贏面推到最高，【湯氏理論】還有另外兩把寶劍！

「移動平均線」的三線滙聚是甚麼？

移動平均線，又稱 MA（Moving Average）線，代表過去一段時間的平均交易價格，讓趨勢更穩固，有更強升跌趨勢的可信性。

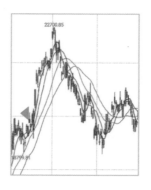

計算移動平均線是以某段時間的收市價相加，然後除以該段時間的交易日數。例如10天平均線（10天代表兩個星期的交易日），即把10天的收市價加總再除以10。

三線滙聚即10天、20天及30天平均線滙聚在一起，必爆一邊，這樣代表會大跌或大升，大跌便叫做「滑梯」，爆上便叫做「大飛」。這部分會在章節2.3「三線滙聚覓訊號」詳述。

若陰陽燭加上移動平均線的三線滙聚，找出趨勢性的出入市型態，基本上可以令贏面增加至八成。

「四度空間」是甚麼？

四度空間是價格走勢圖，用英文字母來代表。一粒字母代表半個小時的走勢和價格波動，美國期貨交易員用這個方法來炒期指。香港時間的8時代表A，8時半代表B，股市由9時半開市，所以是由D開始。

四度空間裡越多粒數，即代表聚焦區，代表越多人停留做買賣，代表多人認同。好像山一樣便是平行市，越尖則反映中位數。失行市，即不是平均價格的收集區；比較薄，代表大上大落。上午上面薄，下午便爆下面，反之亦然。

四度空間是用來尋找最終價格的聚焦區，像地圖般呈現的價格，最厚是最多人買賣的價格。可能有讀者會覺得，似懂非懂，但現在先有個概念便可以了，我會在第三章「三十多年濃縮精華，湯氏理論獨門秘笈」再詳細探討四度空間這把寶劍。

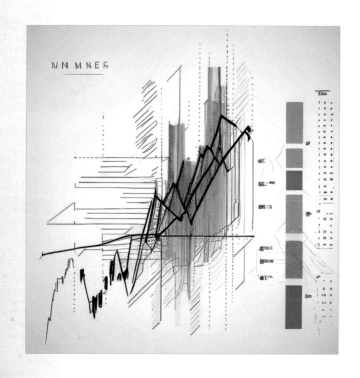

如何運用這套戰略？

一套戰略，三個工具，每個工具都有獨特的功能。憑陰陽燭找出入市的型態，配合移動平均線的三線滙聚找趨勢性的型態，及四度空間找聚焦區的型態，便能輕易找到入市和出市的訊號，混合使用贏面便可增至九成。

投資管理，先要分析市場形勢，再以基本分析挑選心水產品，然後以技術分析建立投資策略。

◇◇◇湯氏管理哲學◇◇◇
第（七）條
一套策略，三種工具。
陰燭陽燭，尋找型態。
三線滙聚，必爆一邊。
四度空間，支持阻力。

2.2：兩極陰陽尋型態

為何選用陰陽燭？

陰陽燭（Candle Stick）是市面上多種技術分析工具的其中一種，坊間很多人用陰陽燭來決定買賣時機和價位，這是投資基本的知識。

在【湯氏理論】的見解中，陰陽燭是最有效的。因為它能撇除技術陷阱，每支燭都反映了市場上的真正價格以及歷史的價格走勢，並沒有其他因素影響，反映開市價、收市價、最高位和最低位。

甚麼是陰陽燭？

陰陽燭原來有段典故，話說在日本江戶時代，有一白米商人本間宗久繪製圖表來記錄每日的米市行情，並研究分析期貨市場，用過去米市的價格，預測將來的價格波動。由於圖表的型態似蠟燭，加上有紅綠之分，故取名「陰陽燭」。

陰陽燭分為不同時間區間，城間流行的有 1 分鐘、5 分鐘、15 分鐘、30 分鐘、日線、週線及月線圖等等，叫 K 線圖。而【湯氏理論】只選日線 K 圖，即在日線圖中，一日代表一支燭，陰陽燭能夠表達價格的上升與下跌。陰陽燭顧名思義，一共分兩種，「陰燭」和「陽燭」。

圖表 2.1 陰陽燭分為「陽燭」和「陰燭」兩款

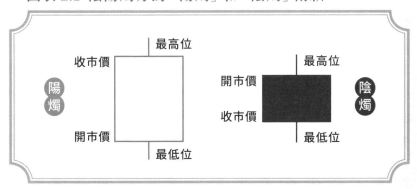

所謂「陽燭」，是指開市後，價格上升，並高於開市價收市，即低開高收，燭身呈空心。在交易時段內，如果價位曾低過開市價，下方會出現腳部，代表價格的低位；相反，如果價格曾高過收市價，上方會出現手部，代表價格的高位。

相反，「陰燭」是指開市後價格下跌，並以低於開市價收市，即高開低收，燭身呈實心。如果開市後，價位曾低過收市價，下方會出現腳部，代表價格的低位；若價格曾高過開市價，上方會出現手部，代表價格的高位。

高位和低位分別是當日曾經的價格最高點和最低點，這亦形成手影和足影，而由開市價及收市價組成中間的燭身便叫身影。因此，小小的一支陰陽燭，已經可以提供開市價、收市價、最高位和最低位這些實用的資訊。

特別留意，【湯氏理論】使用的是陰陽燭日線 K 圖，即是以當日開市價與收市價比較，才決定是陽燭或陰燭。如果要比較價格趨勢升與跌，是用兩日陰陽燭比較型態，如升市的話，型態是今日燭身收市價比上日燭身收市價高，不論陰燭或陽燭亦是。反之，如跌市就當日燭身收市價比上日燭身收市價為低，亦是不論陽燭或陰燭！

部分陰陽燭圖會以顏色區別當日是升市還是跌市。如本書中出現的「etnet 經濟通」圖，便是用藍色代表陰燭，紅色代表陽燭。

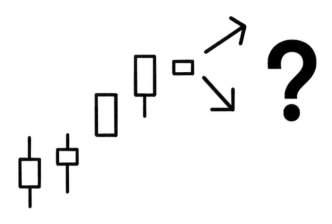

陰陽燭有甚麼型態?

陰陽燭的日線 K 圖,需要比對今天和昨天才知道升跌,所以比較 2 支燭便能看到價格的趨勢性,2 至 3 支燭便能形成型態。市面上有很多型態,以下是【湯氏理論】中認為有效和能夠應用的型態:

陀螺(Spinning Tops)

圖表 2.2 陰陽燭型態 ── 陀螺

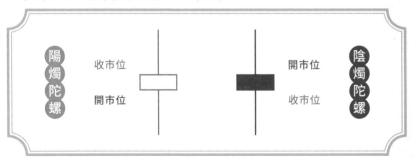

開市後買賣雙方各佔優勢，大家勢力均等，若最後收市價略比開市價為高，便叫「陽燭陀螺」；反之亦然，若收市價比開市價略低，便叫「陰燭陀螺」。

圖表 2.3　陽燭陀螺和陰燭陀螺

資料提供：etnet 經濟通

十字星（Doji）

圖表 2.4　陰陽燭型態——十字星

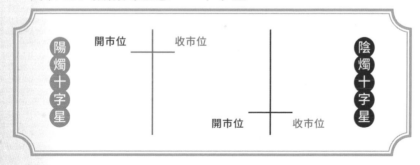

原先去勢不暢順，突然市場有機轉向，就會產生不同的角力趨勢，最後出現一支手長或腳長的十字星，特點是開市價和收市價非常接近，亦即燭身特短。

圖表2.5 陽燭十字星和陰燭十字星

資料提供：etnet 經濟通

資料提供：etnet 經濟通

長腳十字星（Long-Legged Doji）

圖表 2.6 陰陽燭型態——長腳十字星

市況角力非常激烈，所以出現差不多長的手和腳，最後回復到開市水平收市，待變格局。

圖表 2.7 長腳十字星，市況角力激烈

資料提供：etnet 經濟通

T 字星（Dragon Fly Doji）

圖表 2.8 陰陽燭型態——T 字星

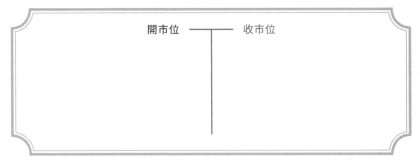

開盤後急跌，但最後買盤湧現，追回開市價平收。

圖表 2.9 T 字星，急跌後回升

資料提供：etnet 經濟通

墓碑（Gravestone Doji）

圖表 2.10 陰陽燭型態——墓碑

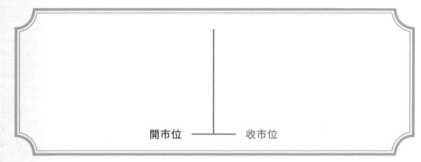

開市位 —————— 收市位

和T字星相反，開盤後看好佔上風，但隨後沽盤出現跌回開市價收市。

圖表 2.11 墓碑，急升後倒跌

資料提供：etnet 經濟通

錘頭（Hammer）

圖表 2.12　陰陽燭型態——錘頭

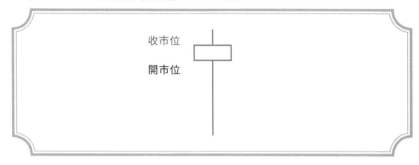

收市位

開市位

開市時曾經受到沽壓，在低位湧出強大購買力，最後收市稍微高過開市價。在下跌市時，這是見底訊號。

圖表 2.13　錘頭，跌市見底

資料提供：etnet 經濟通

吊頸（Hanging Man）

圖表 2.14 陰陽燭型態 —— 吊頸

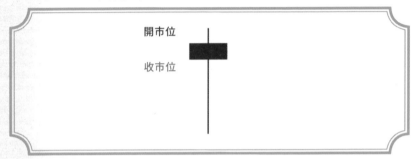

開市曾經向上，但在高位受到強大沽壓，最後低位反彈，在開市價之下收市。在上升市時，這是見頂訊號。

圖表 2.15 吊頸，見頂訊號

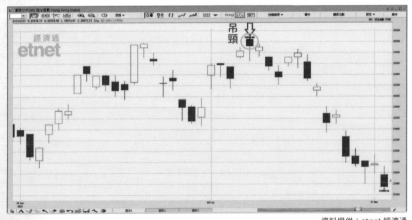

資料提供：etnet 經濟通

倒轉錘頭（Inverted Hammer）

圖表 2.16　陰陽燭型態——倒轉錘頭

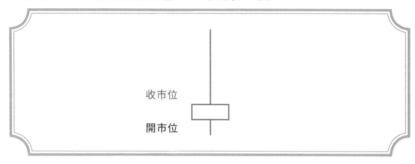

收市位

開市位

開市曾經向下受到強大購買力，造成手影特長，最後高位回落，在開市價位較高位置收市。在跌市出現時，見底利好之意。

圖表 2.17　跌市現倒轉錘頭，見底利好

資料提供：etnet 經濟通

射擊之星（Shooting Star）

圖表 2.18　陰陽燭型態 —— 射擊之星

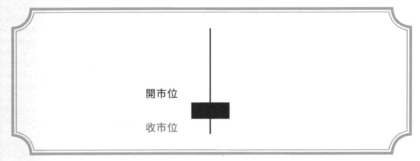

開市曾經高升，在高位受到強大沽壓，最後再低於開市價收市。在升市中出現，市況有見頂之兆。

圖表 2.19　升市現射擊之星，市況見頂

資料提供：etnet 經濟通

至此，大家應該都對陰陽燭反映的開市價、收市價，手影、足影和身影等都有了基本印象。接下來我們再進一步，比較看看兩支陰陽燭的型態。由於【湯氏理論】只用日線K圖，兩支陰陽燭即是兩天的日線圖。

向好吞噬（又稱破腳穿頭）（Bullish Engulfing）

圖表 2.20 陰陽燭型態──向好吞噬

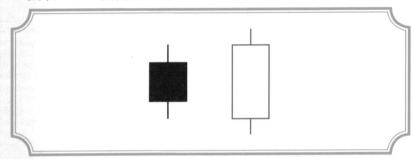

第一日出現一支身短的陰燭，第二日必須是陽燭，並且燭身低位低於上日，燭身高位也高於上日，就形成「吞噬」效果，即是第二日的陽燭燭身，長度完全包裹第一日的陰燭燭身（不計手腳長度）。表示轉向利好型態，市況一輪下跌後，走勢轉強，出現較明顯的上升動力。

圖表 2.21 向好吞噬，轉向利好

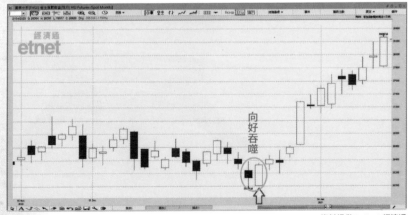

資料提供：etnet 經濟通

向淡吞噬（又稱穿頭破腳）（Bearish Engulfing）

圖表 2.22　陰陽燭型態——向淡吞噬

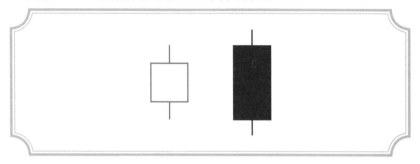

和向好吞噬相反，第一日是燭身較短的陽燭，第二日是陰燭，而燭身高位高於上日，燭身低位也低於上日，即是第二日的陰燭燭身，長度完全包裹第一日的陽燭燭身（不計手腳長度）。表示開市曾經向上升，但高位受到沉重的沽壓，轉向利淡型態，多在經過一輪上升後，回落較大，有走勢轉淡的可能。

圖表 2.23　向淡吞噬，轉向利淡

資料提供：etnet 經濟通

陰陽燭的型態千變萬化，掌握以上的基本型態後，之後的章節 2.4「四式轉勢洞先機」會再教大家四式型態（包括：早晨之星、黃昏之星、曙光初現及烏雲蓋頂），寶劍出鞘，便能在轉勢中洞悉先機！，而接下來的章節 2.3，我會先為大家亮出【湯氏理論】的第二把寶劍——三線滙聚！

◆◆◆ 湯氏管理哲學 ◆◆◆

第八條

高開低收，是為陰燭。
低開高收，是為陽燭。
兩極陰陽，尋找型態。
出市入市，運籌帷幄。

2.3：三線滙聚覓訊號

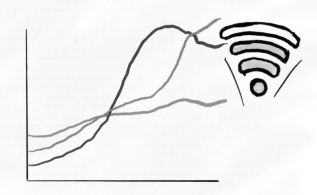

分析移動平均線有甚麼意義？

移動平均線代表過去一段時間裡的平均成交價格，最主要的目的是用來判斷趨勢，即是預期市場現在跟未來可能的走勢。

移動平均線反映了大多數人在過去一段時間買賣的成本價，亦是這一段時間內的市場共識，並排除了價格波動的雜訊。

移動平均線有甚麼周期？

不同投資交易周期的使用者，會使用不同周期的時間。例如分鐘收盤價是分 K 線，小時收盤價是小時 K 線，日收盤價是日 K 線。

日K線圖通常是最常用的時間周期,而當中最常用的又有5天線(周線)、10天線(雙周線)、20天線(月線)、60天線(季線)、120天線(半年線)和240天線(年線)。不同類型的投資者,會選用不同的移動平均線使用。

坊間的黃金交叉和死亡交叉有甚麼意義?

有些人會覺得單看一天的收盤價可能會有雜訊,因此就會使用兩條移動平均線。一條短期的移動平均線呈現近期的價格並排除雜訊,通常會用5天線、10天線及20天線;一條長期的移動平均線代表一個長時期的市場共識,通常會用20天線、60天線及120天線等等。並以交叉信號來判斷上漲或下跌的趨勢。

坊間有大量財經KOL每日從圖表中指出所謂「黃金交叉」與「死亡交叉」,然後便鼓勵投資者是時候買貨/出貨。若然單看定義,或許如此:

黃金交叉是短期的移動平均線向上突破長期的移動平均線,表示短期內可能會上漲、有波段漲幅,適合做好進場或是做淡出場。

死亡交叉是短期的移動平均線向下突破長期的移動平均線,表示短期內可能會下跌、有波段跌幅,適合做淡進場或是做好出場。

但實際上，大家用黃金交叉和死亡交叉時要特別小心，因為可能有技術陷阱。而且不明確的價格短線變動會帶來頻繁交叉而造成頻密的高買低賣的虧損，再者過去的數值平均數不一定反映未來的變化。（資料來源：https://rich01.com/what-is-moving-average-line/）

所以，大家要當家作主，就不能盲目跟隨這些財經 KOL 的交叉，而是應該利用【湯氏理論】的第二把寶劍——三線滙聚來獲得更精準的訊號。

三線滙聚有甚麼啟示？

【湯氏理論】特選 10 天、20 天及 30 天移動平均線來找出三線滙聚，當三條線交叉相遇或糾纏不清時，即表示短期內大部分投資者都認為此區域為價格合理值，但遇到好壞消息影響時，價格就會立即偏離向上或向下，消息越強，盤量湧現就越大，升跌就越急速及越有力！

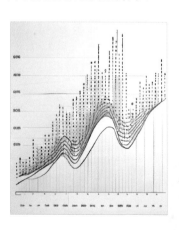

以下圖表2.24及2.25就是相同價區域的三線滙聚，使用的分別是陰陽燭K線圖和10天、20天及30天移動平均線。

圖表2.24　10天、20天及30天移動平均線數據

Line 1 10 Days	29/4 20,592	28/4 20,621	27/4 20,692	26/4 20,818	25/4 21,012	22/4 21,206
Line 2 20 Days						
Line 3 30 Days						

No. of Day	Date	29/4	28/4	27/4	26/4	25/4	22/4
1	29/04/2022	21,089					
2	28/04/2022	20,276	20,276				
3	27/04/2022	19,946	19,946	19,946			
4	26/04/2022	19,934	19,934	19,934	19,934		
5	25/04/2022	19,869	19,869	19,869	19,869	19,869	
6	22/04/2022	20,638	20,638	20,638	20,638	20,638	20,638
7	21/04/2022	20,682	20,682	20,682	20,682	20,682	20,682
8	20/04/2022	20,944	20,944	20,944	20,944	20,944	20,944
9	19/04/2022	21,027	21,027	21,027	21,027	21,027	21,027
10	14/04/2022	21,518	21,518	21,518	21,518	21,518	21,518
11	13/04/2022	21,374	21,374	21,374	21,374	21,374	21,374
12	12/04/2022	20,988		20,988	20,988	20,988	20,988
13	11/04/2022	21,208			21,208	21,208	21,208
14	08/04/2022	21,872				21,872	21,872
15	07/04/2022	21,808					21,808
16	06/04/2022	22,080					
17	04/04/2022	22,502					
18	01/04/2022	22,039					
19	31/03/2022	21,996					
20	30/03/2022	22,232					
21	28/03/2022	21,927					
22	25/03/2022	21,684					
23	25/03/2022	21,404					
24	24/03/2022	21,945					
25	23/03/2022	22,154					
26	22/03/2022	21,889					
27	21/03/2022	21,221					
28	18/03/2022	21,412					
29	17/03/2022	21,501					
30	16/03/2022	20,087					
31	15/03/2022	18,415					
32	14/03/2022	19,531					
33	11/03/2022	20,553					
34	10/03/2022	20,890					
35	09/03/2022	20,627					

（中間組 Line 2 20 Days：21,201　21,243　21,313　21,388　21,487　21,601）
（右組 Line 3 30 Days：21,308　21,219　21,194　21,234　21,246　21,272）

圖表2.25　10天、20天及30天移動平均線

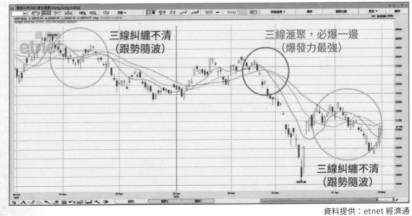

三線糾纏不清
（跟勢隨波）

三線滙聚，必爆一邊
（爆發力最強）

三線糾纏不清
（跟勢隨波）

資料提供：etnet 經濟通

從以上圖表，很容易便可看見三條線的相交點。而這三線滙聚覓訊號的重要啟示是：三線滙聚，必爆一邊！（見圖表2.25及2.26）。用三線滙聚的型態找出方向性的趨勢訊號，除了強訊號三線滙聚外，另一糾纏不清的訊號亦相當有效，即三條移動平均線混合在一起像「糾纏不清」，亦同「三線滙聚」效果一樣。糾纏不清如情侶大爭執階段，一是和好結婚爆上，反之分手離開爆下，當然爆發力度不及三線滙聚的程度；但兩者都必然「跟勢隨波」。

圖表 2.26 三線滙聚，必爆一邊

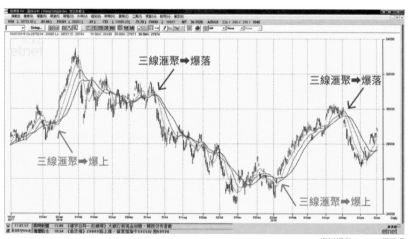

資料提供：etnet 經濟通

由於三線滙聚，必爆一邊，但爆的到底是哪一邊，就至關重要。留意，三線向上為「大飛」，代表升勢。大飛的線間越闊，力量越大。在大飛轉勢中要把握出市靚位（見圖表2.27），不在最高位沽貨，要在高位找到轉勢訊號，例如黃昏之星，便會有下跌趨勢，要馬上沽貨。

圖表2.27　大飛轉勢，出市靚位

資料提供：etnet 經濟通

和「大飛」相反，三線向下為「滑梯」，代表跌勢。滑梯的線間越闊，越插越深。在滑梯轉上中尋找入市良機（見圖表2.28），不在最低位入市，要在低位找到轉捩點，捕捉轉角線，例如早晨之星，便會有上漲趨勢，要馬上入市。

圖表 2.28 滑梯轉上，入市良機

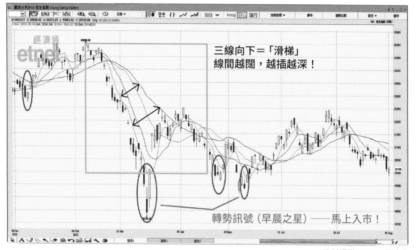

資料提供：etnet 經濟通

本章節的重點是要教大家【湯氏理論】的第二把寶劍，利用移動平均線找出三線滙聚，再判斷是爆上還是爆下（大飛抑或滑梯）。然後，我們要再次拿起第一把寶劍，亦即上一章節 2.2 所教的陰陽燭，來找出轉勢訊號——「早晨之星」和「黃昏之星」，發掘入市和出貨靚位。接下來的章節 2.4「四式轉勢洞先機」，將會詳細介紹這兩顆星星。

◆◆◆ 湯氏管理哲學 ◆◆◆

第 九 條

三線滙聚，必爆一邊。
滑梯轉上，入市良機。
大飛轉勢，出市靚位。
跟勢隨波，尋覓訊號。

2.4：四式轉勢洞先機

如何在管理強積金時洞悉先機？

在章節 2.2 已和大家講過單支和兩支陰陽燭的一些基本型態，大家如還未熟悉，記得翻看章節 2.2「兩極陰陽尋型態」溫故知新！因為現在我們要再進深，教大家四式威力十足的陰陽燭的型態分析，能夠從轉勢中洞悉先機。

其中兩式屬初階版，分別有「早晨之星」和「黃昏之星」，屬 3 日型態（3 支陰陽燭）；另外兩式屬進階版，有「曙光初現」和「烏雲蓋頂」，屬 2 日型態（2 支陰陽燭）。以下會為大家一一介紹：

早晨之星（Morning Star）

早晨之星是由 3 支陰陽燭組成的見底利好的轉勢型態，通常在一個下跌趨勢後出現。

圖表 2.29 陰陽燭型態 —— 早晨之星

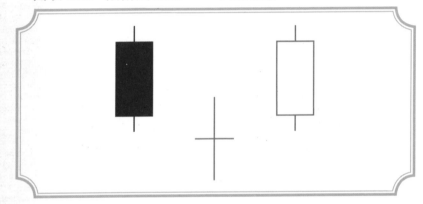

第一日必須是大陰燭，燭身長代表沽壓強勁，顯示短期走勢仍然向下，跌勢持續。

以【湯氏理論】的見解，第二日可以是任何型態，但燭身必須低於上日燭身的低位。

第三支必須是大陽燭，燭身長代表買盤強勁，且收市價高於上日的收市價，低位高於上日的低位，此時市況已明顯轉好，逐步向上收復原先失地。

圖表 2.30 早晨之星,見底利好

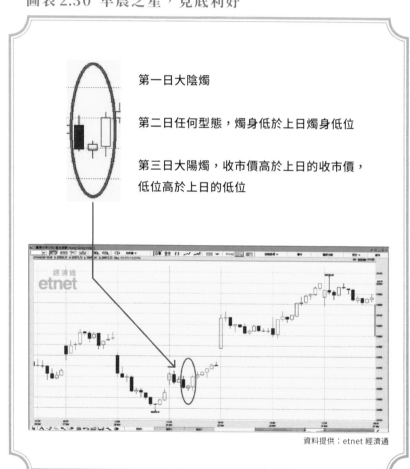

第一日大陰燭

第二日任何型態,燭身低於上日燭身低位

第三日大陽燭,收市價高於上日的收市價,
低位高於上日的低位

資料提供:etnet 經濟通

黃昏之星（Evening Star）

黃昏之星是由3支陰陽燭組成的見頂回落的轉勢型態，通常在一個上升趨勢後出現。

圖表 2.31 陰陽燭型態 —— 黃昏之星

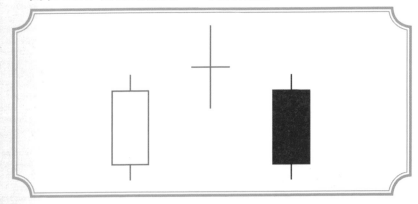

第一日必須是陽燭。

以【湯氏理論】的見解，第二日可以是任何型態，條件是高位必須高於上日的高位，低位也必須高於上日的低位。

第三日是陰燭，高位不能高於上日的高位，收市價低於上日的低位。

通常在升市時出現，要特別留意，因第二支燭已見買盤力量減弱，而第三支燭有沽盤湧現又在低位收市，代表市況見頂。

圖表 2.32　黃昏之星，見頂轉淡

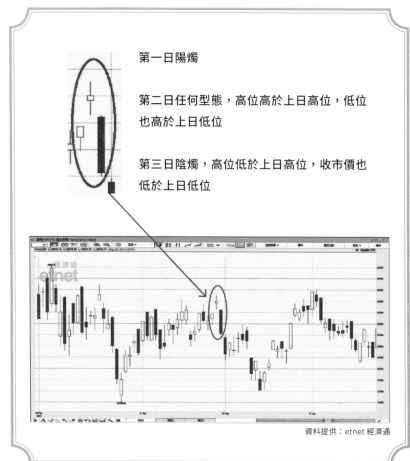

第一日陽燭

第二日任何型態，高位高於上日高位，低位
也高於上日低位

第三日陰燭，高位低於上日高位，收市價也
低於上日低位

資料提供：etnet 經濟通

曙光初現（Piercing）

圖表 2.33 陰陽燭型態——曙光初現

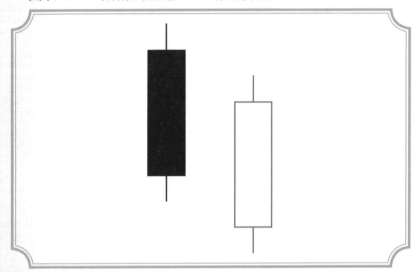

第一日是陰燭，第二日是大陽燭，開市價要低於上日的低位，而收市價高於上日燭身一半或以上。此乃見底回升的轉向型態，顯示當一輪狂沽後，有見底反彈之兆，低位現強勁買盤，收市價高於前一支燭身的一半。

圖表 2.34 曙光初現，見底反彈

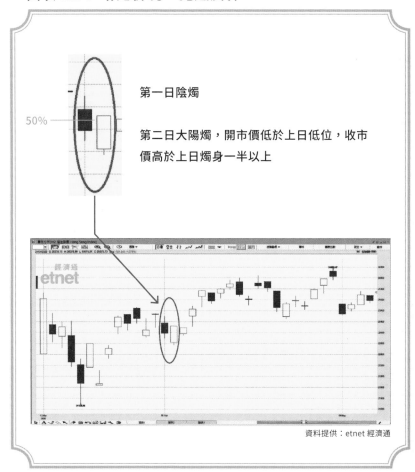

第一日陰燭

第二日大陽燭，開市價低於上日低位，收市
價高於上日燭身一半以上

50%

資料提供：etnet 經濟通

烏雲蓋頂（Dark Cloud Cover）

圖表 2.35　陰陽燭型態──烏雲蓋頂

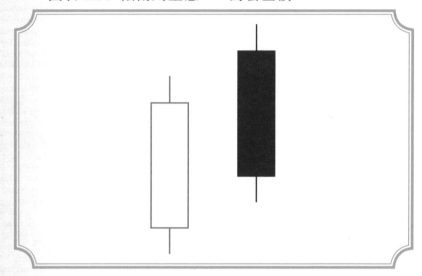

第一日是大陽燭，第二日是陰燭，開市價要高於上日的開市價，但收
市價在上日燭身的一半或以下。此乃見頂回落的轉向型態，顯示升勢
持續向上時，於高位有大量沽盤湧現，收市低於前一支燭身的一半。

圖表 2.36 烏雲蓋頂，見頂回落

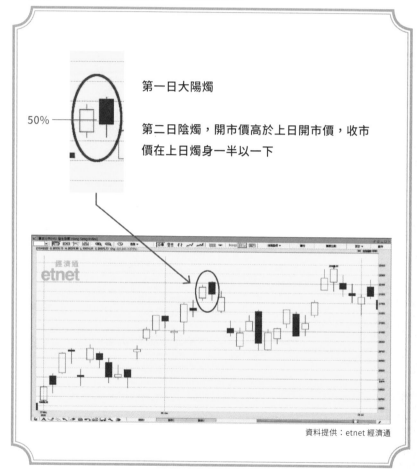

第一日大陽燭

第二日陰燭，開市價高於上日開市價，收市
價在上日燭身一半以一下

50%

資料提供：etnet 經濟通

以上四式配合【湯氏理論】的獨門見解，將起運轉乾坤之效，這部分的進階心法，之後在章節4.1「運轉乾坤進階秘笈」再探討。

如何運用此四式轉勢？

初學者最重要的是先學會早晨之星和黃昏之星。

早晨之星代表太陽升起，共有3支燭。第一日跌，第二日打和，第三日升，這是買入的訊號，低位入市。

黃昏之星代表太陽往下走，也有3支燭。第一日升，第二日停頓有轉勢象徵，第三日向下，這是賣出的訊號，高位沽貨。

熟悉兩顆星星後，進階者可用曙光初現及烏雲蓋頂，不用看三日，只需要看二日，因為三日會滯後。曙光初現是進階版入市，烏雲蓋頂是進階版沽貨，雖然風險相對較高，但利潤也會較快和較高。

湯氏心法秘笈，便是要在滑梯轉上中尋找早晨之星或曙光初現，在大飛轉勢中尋找黃昏之星或烏雲蓋頂。

總括而言，陰陽燭加上移動平均線的三線滙聚，找到轉角位的型態便可行動。四式轉勢洞先機，一眼便看清形勢。若再加上四度空間，找到下跌的阻力位和向上的支持位，跟勢隨波，從低入市，從高出市，一套戰略便能打天下。有關【湯氏理論】四度空間的分析，將會在接下來的第三章「三十多年濃縮精華，湯氏理論獨門秘笈」和大家講解。

◆◆◆ 湯氏管理哲學 ◆◆◆
第 十 條
四式轉勢，洞悉先機。
早晨之星，入市良機。
黃昏之星，走貨靚位。
曙光初現，滑梯買貨。
烏雲蓋頂，大飛沽出。

四度空間，有效分析。
價格時間，關係變化。
最多字母，當日聚焦。
支持阻力，潛力可見。

四度空間，聚焦型態。
山形尖厚，平行型態。
山形扁薄，失行型態。
緊密聚焦，神奇號碼。

四度空間，支持阻力。
超過炮台，會爆向上。
低過懸崖，急瀉向下。
留意警號，避過風險。

四度空間，探索其情。
聚焦區域，成佈雷陣。
合理價值，形成區間。
神奇號碼，施行策略。

四度空間，支持阻力。
順勢思維，平行失行。
逆轉思維，跟著逆轉。
留意區間，因時制宜。

四度空間，平行失行。
佈雷地圖，探究虛實。
支持阻力，顯而易見。
神奇號碼，必勝之法。

第三章

三十多年濃縮精華，
湯氏理論獨門秘笈

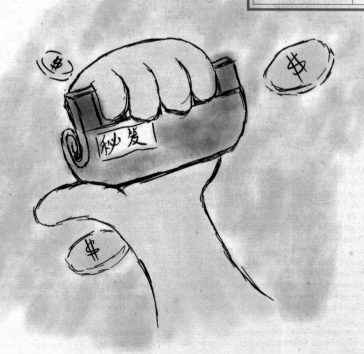

3.1：四度空間指示圖

四度空間是如何創造出來的？

當家作主，猶如行軍打仗，需要戰略思想。就好像中國古代的《孫子兵法》，要有「用兵之法，全勝為上」的謀略。因此，我在章節2.1「一套戰略打天下」中提到，高級版戰略除「陰陽燭」的K線圖和「移動平均線」的三線滙聚這兩把寶劍外，還要加上第三把寶劍「四度空間」。

「四度空間」(Hourglass)原名「市場輪廓理論」(Market Profile)，是1984年美國人彼得・史泰米亞 (J. Peter Steidlmayer) 憑30多年

證券期貨市場經驗，研發的一套有效分析市場價格與成交時間關係變化的理論。香港著名圖表分析專家和波浪大師許沂光，在《香港經濟日報》將其介紹，並改名為「四度空間」。

四度空間可用在大部分投資產品上，亦是新一代更有效的技術分析理論工具。比起傳統工具如陰陽燭，除開市價、收市價、最高價及最低價等的資訊外，還加上了時間因素，因此更勝一籌。

四度空間的基本原理是怎樣？

四度空間的基本原理是用價格及時間比較分析，基本單位稱為 TPO（Time Price Opportunity），即價格代表在某段指定時間出現。

每一個英文字母就代表一個TPO，每一個字母亦可代表不同時間單位如日、小時、分鐘。通常每一個字母記錄30分鐘的成交價位較多使用。

TPO以格林威治時間為標準，每半小時以一個英文字母為單位，如英文字母A即代表凌晨0:00至0:30，而B即代表凌晨0:30至1:00，如此類推。

香港時間上午8時為格林威治時間零時，即英文字母A代表香港時間上午8：00至8：30，B就是代表上午8：30至9：00。

香港股票市場在上午9:30前已定開市價，所以用英文字母C為代表，其後上午9：30至10：00時段以D為代表，以後每半小時用E、F、G……如此類推。

以香港股票市場每日交易時段由上午9時30分至下午4時30分，如每30分鐘為一時段，共分12個時段。

圖表3.1用香港股票現貨市場為例子，把TPO逐一區分在每時段內。首先，由開市後9時30分起計，每30分鐘作為一個基數即TPO，列出全交易時段所屬英文字母的TPO。

圖表 3.1 香港股票市場 T P O

09：30	-	10：00	>>>>	D
10：00	-	10：30	>>>>	E
10：30	-	11：00	>>>>	F
11：00	-	11：30	>>>>	G
11：30	-	12：00	>>>>	H
午間休市 (I, J)				
1：00	-	1：30	>>>>	K
1：30	-	2：00	>>>>	L
2：00	-	2：30	>>>>	M
2：30	-	3：00	>>>>	N
3：00	-	3：30	>>>>	O
3：30	-	4：00	>>>>	P
4：00	-	4：30	>>>>	Q

下一步，便是記錄每個TPO期間（即每個英文字母代表的30分鐘）的最高價及最低價。以2023年4月14日期指市場的實際數據為例，便能得出圖表3.2。在每30分鐘期間，無論只有一個交易或千個交易，我們都只會採用一個英文字母基數在成交單位來顯示（見圖表3.2）。另外，為方便以一個圖表獲取所有資訊，我們也會記錄上下午時段的開市價與收市價以不同底色來區分。

圖表3.2 2023年4月14日期指市場的TPO與最高及最低價

2023 04 14			最高	最低	變動
			20,550	20,316	234
	由	至			
C	09：00	09：30	20,550	20,444	106
D	09：30	10：00	20,505	20,391	114
E	10：00	10：30	20,521	20,403	118
F	10：30	11：00	20,466	20,343	123
G	11：00	11：30	20,382	20,316	66
H	11：30	12：00	20,385	20,344	41
I J	12：00	13：00	****	****	****
K	13：00	13：30	20,432	20,325	107
L	13：30	14：00	20,445	20,368	77
M	14：00	14：30	20,454	20,411	43
N	14：30	15：00	20,486	20,430	56
O	15：00	15：30	20,471	20,410	61
P	15：30	16：00	20,472	20,430	42
Q	16：00	16：30	20,498	20,436	62
			開市	收市	
上午			20,513	20,375	
下午			20,368	20,443	

最後一步，就是將代表的英文字母如圖表3.3般，填進相應的成交價。以英文字母「C」為例，期間最低價是20,444，最高價是20,550，我們以每10點為交易價基數，即是在20,440至20,550共12個交易價內，都要填上字母C。如此類推，一直填到字母Q，有20,430至20,490共7個交易基數。

製成圖表後，出現最多英文字母的價格位附近，即代表當日聚焦區及最多TPO的聚焦點，以圖表3.3為例，聚焦區由20,480至20,400，而聚焦點是20,440至20,430。

圖表3.3 四度空間分析圖表

20,600										
20,590										
20,580										
20,570										
20,560										
20,550	C									
20,540	C									
20,530	C									
20,520	C	E								
20,510	C	E								
20,500	C	D	E							
20,490	C	D	E	Q						
20,480	C	D	E	N	Q					
20,470	C	D	E	N	O	P	Q			
20,460	C	D	E	F	N	O	P	Q		
20,450	C	D	E	F	M	N	O	P	Q	
20,440	C	D	E	F	L	M	N	O	P	Q
20,430	D	E	F	K	L	M	N	O	P	Q
20,420	D	E	F	K	L	M	O			
20,410	D	E	F	K	L	M	O			
20,400	D	E	F	K	L					
20,390	D	F	K	L						
20,380	F	G	H	K	L					
20,370	F	G	H	K	L					
20,360	F	G	H	K	L					
20,350	F	G	H	K						
20,340	F	G	H	K						
20,330	G	K								
20,320	G	K								
20,310	G									
20,300										

出現最多英文字母時段的聚焦區，即代表此價值區域被投資者公認為
當時最合理的貨品價值。

四度空間的聚焦區在現價以上高位是阻力，在現價以下低位為支持，
這部分會在接下來的章節 3.2 繼續講解。重點是要跟勢隨波，尋找支
持與阻力位，從低入市，從高出市，讓基金增長。

◇◇◇湯氏管理哲學◇◇◇
第 十 一 條
四度空間，有效分析。
價格時間，關係變化。
最多字母，當日聚焦。
支持阻力，潛力可見。

3.2：聚焦區域佈雷陣

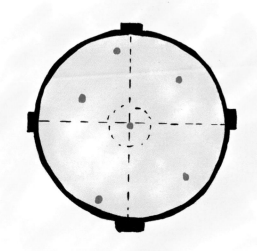

四度空間有甚麼型態去尋找支持與阻力？

在上一章節3.1「四度空間指示圖」，已和大家一起製作過四度空間分析圖表，目的是要找出聚焦區，尋找支持與阻力。在四度空間分析圖表中，越多英文字母的區域便代表聚焦區，代表越多人停留做買賣，代表多人認同，從中能找到支持和阻力位。

所有聚焦區聚在一起會形成佈雷陣，應用統計學的概念，若是正態分佈的一個標準差，中間位置最多的英文字母的區域，即佔整幅圖68%的就是聚焦區（圖表3.4的紅色區域）。

111

圖表 3.4 聚焦區與聚焦點

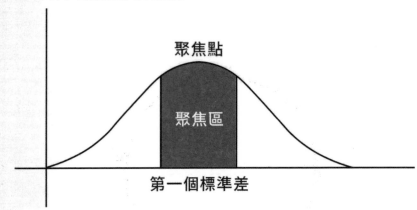

聚焦點

聚焦區

第一個標準差

這個聚焦區若打橫放著就像一座山，山頂的 TPO 最多，這叫做聚焦點。

【湯氏理論】的四度空間有甚麼特色？

因為用英文字母來表達，時間始終較難分辨，例如問 M 代表哪個交易時段，相信不少人都要數一數才能答得到。所以我 Tom Tom 就和 N2N-AFE 公司合作，設計了全新程式來呈現【湯氏理論】的四度空間。

用【湯氏理論】的設計，原本用英文字母來表達的 TPO 會轉用數字來代替，如上午 9：00 就用「09」，上午 9：30 就用「<u>09</u>」，即在數字下畫線，如此類推。運用 24 小時的概念，下午 2：00 即「14」，下午 2：30 即「<u>14</u>」，這樣圖形就會更加清晰易明。

【湯氏理論】還將上下午分作兩種顏色，上午用橙色，下午用藍色，以方便看上下午佈雷情況的分別（見圖表3.5）。股票以一個買賣差價為一個價位，而恒生指數則以10點為一個單位。如果TPO越集中，即表示很多時段盤量停留在此價位，形成聚焦區。TPO越多，即停留在此價位的時間越多，即很多人認為合理值在此價位。

圖表3.5 【湯氏理論】的四度空間聚焦區

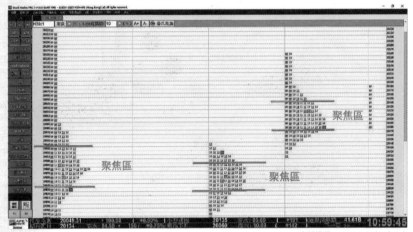

資料提供：N2N-AFE (HK) Ltd.

不同的聚焦區加起來形成佈雷陣（見圖表3.6），猶如行軍一樣。

圖表3.6【湯氏理論】的四度空間聚焦區，形成佈雷陣

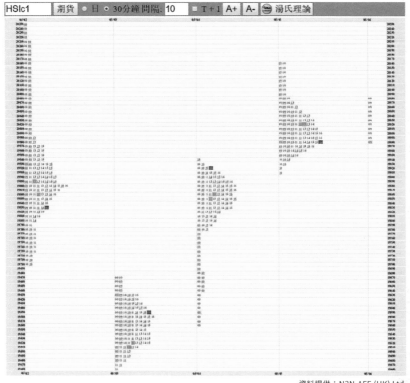

資料提供：N2N-AFE (HK) Ltd.

每個四度空間都有其價值,即合理值,不同時間出現當時的合理值,不同佈雷陣集中在價值區,稱為區間(見圖表 3.7),當中便能找出神奇號碼(Magic Number)。詳情在下一章節 3.3「平行與失行型態」繼續討論。

圖表 3.7 【湯氏理論】的四度空間區間

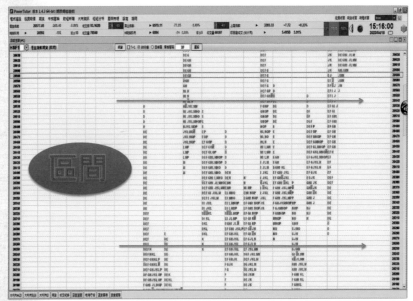

資料來源:MegaHub Ltd.

這個區間代表強大的支持或阻力,區間內的每個聚焦區越接近,支持或阻力就越大。

傳說中的乾坤燭是怎麼一回事？

四度空間的佈雷陣給了我們探索其情的形勢，而陰陽燭一支支卻未能表達何時最多人操盤，所以四度空間能讓我們探真佈陣方法才行使策略。

坊間曾經流傳「乾坤燭」（ProSticks）（見圖表3.8），燭身有一點（紅點），即最長時間在此價位交易。換句話說，即是把四度空間的聚焦點放在陰陽燭中，提供了支持或阻力的位置和強度。

圖表 3.8　陰陽燭 + 聚焦點 = 乾坤燭

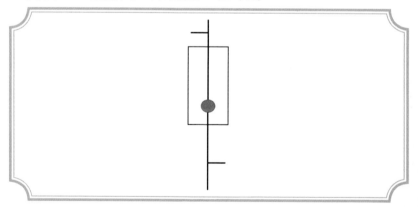

不過現在有【湯氏理論】的四度空間佈雷陣，就不需要乾坤燭。如《孫子兵法》所言：「校之以計，而索其情」，應該要探索佈雷陣中的聚焦區，尋找支持和阻力位，以及神奇號碼，才施行策略，自然勝算在握。

◇◇◇ 湯氏管理哲學 ◇◇◇

第 十 二 條

四度空間，探索其情。
聚焦區域，成佈雷陣。
合理價值，形成區間。
神奇號碼，施行策略。

3.3：平行與失行型態

平行市有甚麼特性？

平行市是四度空間中的一種型態，聚焦區出現山形狀況，全日堆砌起來好像一座山（見圖表3.9）。

圖表 3.9 平行市，整裝待發

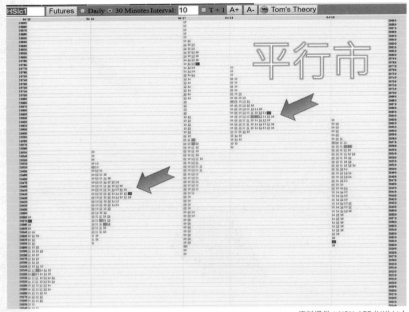

資料提供：N2N-AFE (HK) Ltd.

平行市代表價格不太波動，長時間在區域上落，叫做收集區。幾個聚焦區的區間越窄，收集時間越長，密度就越高，就好像行軍打仗集中兵力一樣，合理值就越強，即代表長時間多人集中在這價格做買賣，猶如整裝待發，必爆一邊。不過爆哪一邊，現階段還是未知之數。

如果聚焦區的山形越尖越厚，則反映了平行市的中位數。

平行市猶如陰陽燭的橫行階段，橫行集結，整裝待發。有人沽出，有人買入，要看股市成交量大小。

失行市有甚麼特性？

相反，失行市聚焦區的山形是越扁越薄，即不是平均價格的收集區（見圖表3.10）。

圖表 3.10 失行市，大上大落

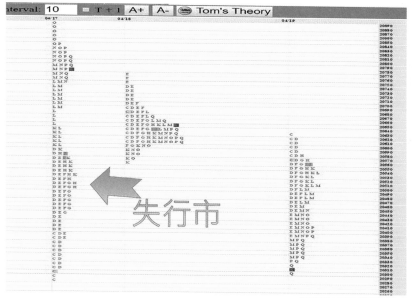

失行市的聚焦區相對比較薄，即代表大上大落。如果上午上面薄，下午便很大機會爆上或爆下。

失行市有潛在的爆炸力，因為即使上午出現平行市，很正常地發展聚焦區，準備整裝待發，但如果有突發消息，便會產生失行市，猶如

被敵軍偷襲一樣。例如在 2023 年 5 月 9 日，中國和加拿大緊張關係
升級，出現罕見的互相驅逐外交官的新聞，這是沒有預計的消息。當
天本來是平行市，但因出現了市場消息，恒生指數從 20,120 點跌至
19,750 點，下跌超過 300 點，下午便出現了失行市。

神奇號碼是甚麼？

當數個聚焦區很緊密地聚集在一起，緊密地發生，就會出現神奇號碼
（見圖表 3.11）。

圖表 3.11 密集區間中出現神奇號碼

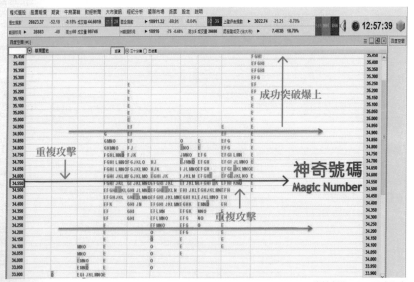

資料來源：MegaHub Ltd.

神奇號碼是區間裡的聚焦點，它不能預測。但歷史不斷重演，如圖表 3.11 的華潤置地（1109）數據所示，多個不同聚焦區的聚焦點，都集中在 34.55 這個神奇號碼上！所以猶如軍隊集結兵力，向上被阻擋後便向下走，但向下遇到強大支持位會向上反彈。第一次試反彈，會重複攻擊，破了便繼續向下，否則重複反彈。神奇號碼會形成強勁的阻力位和支持位，要多次突破才能向上走或向下走，即破頂或破底。圖表 3.11 的例子，便是重複攻擊多次，最後成功突破神奇號碼爆上。

神奇號碼的意義在於不同時段的聚焦區落在相同的價格裡，亦相等於陰陽燭的雙底、三底。雙底指不同時段曾經嘗試去到相同的價格低位；而雙頂則指不同時段嘗試過相同價格的高位。

當價格向上有阻力，準備遇到神奇號碼時，便要準備沽貨；若向下有支持會反彈，便可入市。

◆◆◆湯氏管理哲學◆◆◆

第十三條

四度空間，聚焦型態。
山形尖厚，平行型態。
山形扁薄，失行型態。
緊密聚焦，神奇號碼。

3.4：趨勢與逆轉思維

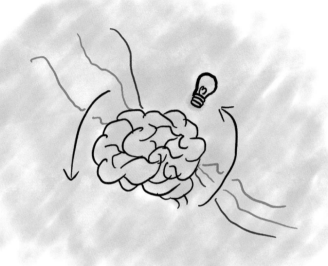

平行市和失行市表達甚麼趨勢？

上一章節3.3「平行與失行型態」，已和大家討論過平行市和失行市的特性。想當家作主，就要找到平行市的趨勢性，以及失行市向上升和向下走的特性。

下一日開市，會受到上一日的聚焦區影響，有阻力和支持位，在上一日的聚焦區上與下的聚焦點轉移。同時，在平行市的情況下，有如鐘擺理論，離開自己的聚焦區後會返回自己的聚焦區。

平行市通常山形比較厚，代表大家很認同價格；失行市通常山形比較薄，代表大家在各方面不認同價格，雙方覺得價格不合理，讓價格有向上升或向下走的趨勢。

每日開市會試探價格的合理值是向上升或向下走，所以當沒有突發消息時，便會探測上日的聚焦區及在附近測試當日的合理值在何處，向上升或向下走去製造出一個聚焦區趨勢，此為「順勢思維」（見圖表 3.12）。

圖表 3.12 順勢思維，往同一方向製造聚焦區趨勢

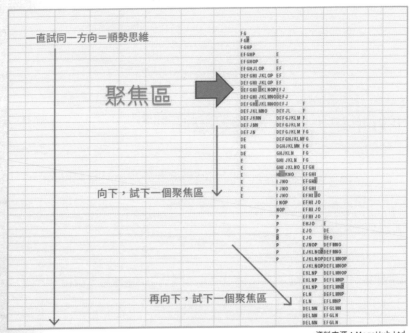

資料來源：MegaHub Ltd.

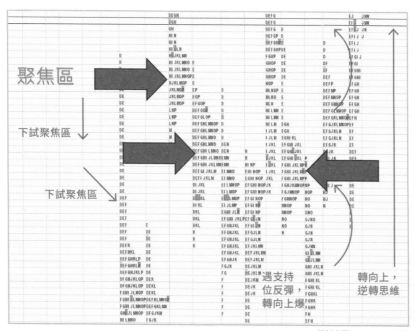

何時出現逆轉思維？

趨勢性向上，會試上一日的聚焦區。如果向上有阻力時，便會向下走，成為逆轉思維。向下試支持位時，如果突破了支持力便向下爆，試下一個支持位。

圖表 3.13 逆轉思維，爆向相反方向

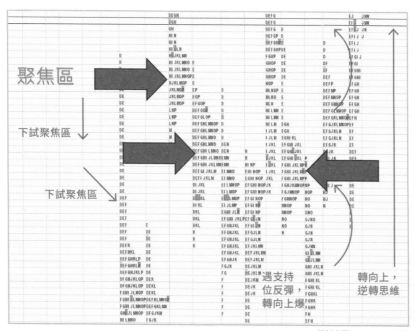

資料來源：MegaHub Ltd.

上午開市和收市都各有不同的顏色代表，以方便看開市位置，以及何時重複向上或向下。通常上午是平行市，下午也會是平行市；如果上午是失行市，下午也多是失行市。這是順勢思維。

本來向上，組織向上形成神奇號碼的聚焦點，趨勢性向上走，形成「大飛」的局勢。逆轉時刻即遇到壞消息或利淡消息後，形勢大改變向下走，例如上一章節所提到，中國和加拿大出現罕見的互相驅逐外交官的新聞，即時逆轉大幅向下跌。反之，若有好消息，例如不再加息，便會轉向上升。

重要心法是用兵要因時制宜，上察先前區間的聚焦區。如果形勢逆轉，便要跟著逆轉，不要「死揸不放」。

◈◈◈湯氏管理哲學◈◈◈
第十四條
四度空間，支持阻力。
順勢思維，平行失行。
逆轉思維，跟著逆轉。
留意區間，因時制宜。

3.5：懸崖與炮台突爆

炮台與懸崖是甚麼？

在四度空間中，遇到支持與阻力，好大機會回頭。但每天的交易時段，常常會出現這些特性：當上升遇到阻力，在不同時段出現相同價位就形成「炮台」；下跌遇到支持，在不同時段而出現在同一價位就形成「懸崖」。

【湯氏理論】定義，當幾粒TPO排在一起，聚焦在不同時段而滙聚在同一價位區域，如超過3粒平排，上面沒有TPO阻礙，如突破防線的話，好大機會向上發炮爆升，所以名為「炮台」；如在向下情況，

超過3粒在下面平排,而下面沒有 TPO 支持,好大機會跌穿向下如跳崖急瀉,名為「懸崖」(見圖表3.14)。

圖表3.14 炮台與懸崖

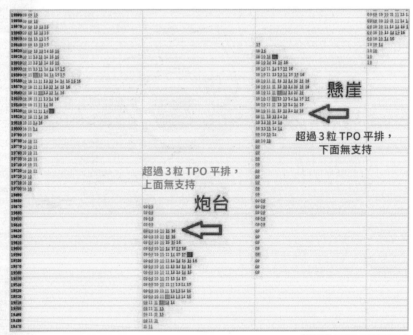

資料提供:N2N-AFE (HK) Ltd.

突破炮台便爆升,跳破懸崖便急瀉。這種情況時常出現在期指市場,特別在即日市更常見。在股票市場就多發生在下一個交易日。

當價格向上突破阻力,便飆升。當價格向下跌穿支持,便急瀉。如果可以預知這兩種情況,對想當家作主的讀者來說相信是一個喜訊。

【湯氏理論】的聚焦區、懸崖與炮台突爆 是可以預早發出訊號？

正如在章節 3.2「聚焦區域佈雷陣」提過，我 Tom Tom 和 N2N-AFE 公司合作設計了一個新程式，幫助尋找【湯氏理論】的聚焦區。只要將當日的 TPO 數量輸入，通常 5 粒或以上，就會把有效聚焦區顯示出來（圖表 3.15）。

圖表 3.15 【湯氏理論】的聚焦區

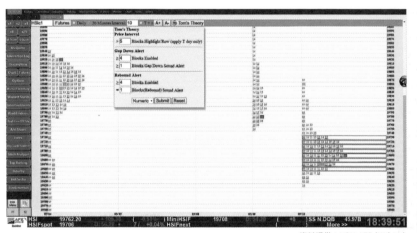

資料提供：N2N-AFE (HK) Ltd.

炮台必須超過 4 粒 TPO 以上，至少用 2 小時，而山腳就 1 粒才有效。至於懸崖，亦是有 4 粒以上，山腳 1 粒。這樣當出現 3 粒平排時，警示訊號便會出現，隨時等候爆上或急瀉。

如圖表3.16的恒生指數圖所示，懸崖式爆瀉可達100點以上。

圖表3.16 懸崖式向下爆

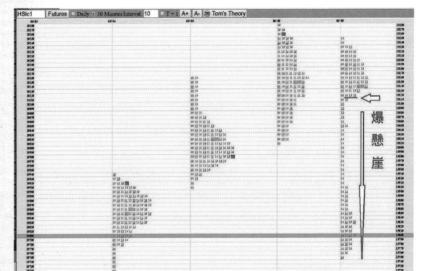

資料提供：N2N-AFE (HK) Ltd.

當預計會出現懸崖式向下爆的狀況時，程式便會作出警報提示（圖表
3.17），這時便要做風險管理避險了。相反，若預計炮台出現，便應
該做好準備，把握入市時機。

圖表 3.17　預見懸崖式向下爆的警號提示

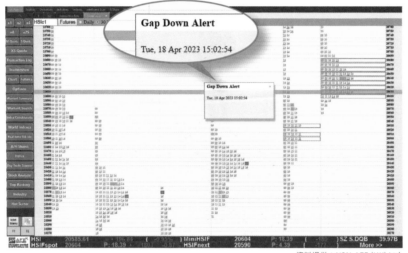

資料提供：N2N-AFE (HK) Ltd.

四度空間能夠讓我們分析聚焦區分佈，尋找支持與阻力，這些策略在股票和期指市場效果更見理想。因為此方式有助避開大戶在短期內的大手操控和造價，所引起的開市及收市價大起大落。因此，四度空間比傳統的分析工具更能有效地揭穿假突破，助大家避開陷阱。

◇◇◇湯氏管理哲學◇◇◇

第十五條

四度空間，支持阻力。
超過炮台，會爆向上。
低過懸崖，急瀉向下。
留意警號，避過風險。

強積金當家作主

134

3.6：市場爭持角力規

四度空間在市場上有甚麼規則？

當上午出現炮台或懸崖，下午還會再爆同一方向嗎？

如果在炮台爆升，之後會在上面價格徘徊，成新一聚焦區。上午有平行市，下午也多數會在同一聚焦區內價格來回發展。即使向下走，也會有引力回升。如是平行市時，價格偏離聚焦區向上升或向下走，通常都回歸聚焦區。

135

四度空間的特點是看到型態趨勢，即向上升或向下走，要根據先前的區間去分析，特別是上午市，通常未有突發消息時，會於上日聚焦區的附近開市，如試探軍情般測試其趨勢性，特別會走往上日的聚焦區，探溫般伸手向上或用腳向下嘗試突破。

但很多時會一探即回頭，特別是開市時段，常常突破開市價方向伸延，轉而調頭試探另一方向，但用些時間就可以看到突破是真是假。

如何決定突破是真還是假？

要視乎 TPO 的時間性向哪一方面發展，便可以知道新價格會轉向甚麼水平，揭穿假突破。例如突破上日的聚焦區後是向上升或向下走，之後回頭破開市價，再重新尋找當日公認的合理價值區，如圖表3.18所示。

圖表 3.18 價格遷移水平，揭穿假突破

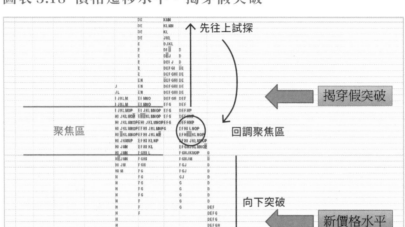

資料來源：MegaHub Ltd.

如圖表3.18所示，開市價在上日聚焦區之上，曾經向上爬升。走幾十點後，跟著回調到前兩日的聚焦區重新部署。回看前兩個交易日比較，正是回調當日區間，而其後交易日便向上試探聚焦點的阻力後，又回頭向下突破，向上衝不破阻力位便向下回調。

有時便是這樣的，在大升市時等你高興一會，便回頭向下插，嚇你一驚！所以要多留意聚焦區的佈陣，看形勢發展是否有實力向上升或向下走。向下跌到聚焦區時，極有機會反彈；向上突破阻力位時，又因盤量不足，轉弱回落。

怎樣用四度空間尋找神奇號碼 (Magic Number)？

用四度空間尋找較密集的聚集區形成區間，在區間中心形成聚焦點，
便是神奇號碼。

在現時價位之上升區域，尋找密集式的聚焦區成上區間；在現時價位
之下降區域，尋找密集式的聚焦區成下區間；從而有了上神奇號碼即
上升阻力位，亦有下神奇號碼即下降支持位。

當用混合策略時，引用移動平均線。當有大飛向上飛翔時，便尋找上升的阻力區間即上神奇號碼；而在滑梯向下時，便尋找向下的支持區間即下神奇號碼。

在大飛飛翔時遇上神奇號碼，見轉角回調要沽出；在滑梯急下時刻遇到下神奇號碼，見勢轉強要買入。

總結這部分的【湯氏理論】的獨門秘笈，是我 Tom Tom 30多年來心得的濃縮精華，就如強積金中的《孫子兵法》，是當家作主的重要謀略，能夠看清形勢，運籌帷幄。

在四度空間中尋找聚焦區，分辨平行市與失行市。探索佈雷陣中的區間，尋找支持和阻力位，顯而易見。再加上神奇號碼，才施行策略，自然勝算在握，可謂必勝之法。

◈◈◈ 湯氏管理哲學 ◈◈◈
第 十 六 條
四度空間，平行失行。
佈雷地圖，探究虛實。
支持阻力，顯而易見。
神奇號碼，必勝之法。

逆境自強，先學防守。
跟勢隨波，轉換基金。
保守基金，防守避險。
留有餘地，先捨後得。

湯氏理論，進階秘笈。
晨星昏星，百變中燭。
曙光烏雲，二燭已勝。
四式變化，運轉乾坤。

轉勢向上，大飛翱翔。
間距越闊，力量越大。
黃昏入十，走貨時機。
享受大飛，冲天快感。

滑梯成形，需要十天。
三線滙聚，必爆一邊。
低位尋找，早晨之星。
滑梯捕捉，入貨良機。

盡賺技巧，高沽低揸。
頻密波幅，多次交易。
大飛滑梯，留意轉勢。
湯氏理論，九成贏面。

當家作主，養成習慣。
三時四五，留意訊號。
入市出貨，把握時機。
秒殺行動，逆轉時刻。

第四章

風浪尋機，
勝算方程式

4.1：運轉乾坤進階秘笈

【湯氏理論】的進階秘笈有甚麼獨門秘技？

之前的第一至三章屬於初階秘笈，現在第四章正式踏入進階秘笈，可以提高勝算，只是要根據波浪走，切勿逆市而行。

初階的陰陽燭已在章節2.2「兩極陰陽尋型態」和2.4「四式轉勢洞先機」討論過，此章節則為陰陽燭及四式的進階版。

《孫子兵法》有云：「兵者，詭道也。」變化無常之戰術，出其不意。【湯氏理論】此式運轉乾坤便是改變中間第二天陰陽燭的用法！以下便為大家講解這套「非一般」的秘笈。

【湯氏理論】「非一般」早晨之星是怎樣的？

早晨之星是入市訊號，共三天型態。第一天是陰燭；而第二天燭身可以是任何型態，但低位必須低過上日的低位，高位不能高於上日的高位。第三天必須是陽燭，高位高於上日的高位，低位不能低於上日的低位。低的定義，有機會是裂口低開的型態。

和一般的早晨之星不同，坊間認為第二天的型態只可以是十字星、陀螺，但【湯氏理論】基本上認為第二天可以是任何型態！不過，如果中間是Ｔ字星，訊號則是最強烈的，表示當市況向下跌，貼近尾市有強大買家，收市和開市打和，是強烈轉勢的訊號。加上第三支大陽燭，低位不低於上日燭身的一半，則表現有強大的買家湧現，確立市況轉勢向上。

另外，坊間認為早晨之星中間如果是陰燭便不成立，但根據【湯氏理論】，只要陰燭低於上日低位，而第三支是大陽燭，並高於上日開市價便更為有效，型態像吞噬形式。

【湯氏理論】「非一般」早晨之星是特別有效的型態,中間是陰燭讓一般投資者有錯誤訊號,認為會向下走,相信會繼續跌。但第二日反抽,收市高過開市,有向上升的趨勢。

此型態在近年大升市曾出現多次,以2022年為例,3月16日及11月1日曾經出現過【湯氏理論】「非一般」早晨之星(見圖表4.1及4.2)。

圖表4.1 2022年3月16日的「非一般」早晨之星

資料提供:etnet 經濟通

在2022年3月16日的「非一般」早晨之星，第一天是陰燭，中間第二天也是陰燭，並低於上日低位，而第三支是大陽燭，燭身高於上日開市價，之後帶來升勢。

圖表4.2　2022年11月1日的「非一般」早晨之星

資料提供：etnet經濟通

我之後會在章節5.6「通曉高手方程式」的實證中，詳細解說圖表4.2（2022年11月1日下午3時45分）所出現的這顆「非一般」早晨之星。由於當天全日低於上日低位，而且更是陽燭，於是我便入注三分之一的資金買入中國及香港股票基金。雖然未能在最低位買入，但亦在轉角線的型態中入市。

【湯氏理論】「非一般」黃昏之星是怎樣的？

黃昏之星是沽貨訊號，共三天型態。第一天是陽燭，第二天必須是陰燭，但條件一是當日高位必須高過上日的最高位，條件二是收市位必須在上日的燭身內。【湯氏理論】認為，第二天其實任何陰陽燭都可以，但最有效是第二支見墓碑。第三天必須是陰燭，而收市價低過上日的低位。以下圖表4.3及4.4便是「非一般」黃昏之星。

圖表 4.3 2022 年 4 月 6 日的「非一般」黃昏之星

在2022年4月6日的「非一般」黃昏之星，第一天是陽燭，第二天坊間認為要陰燭，但【湯氏理論】認為陽燭也可以，第三天是陰燭，而收市價低過上日低位。

圖表 4.4 2023年1月30日的「非一般」黃昏之星

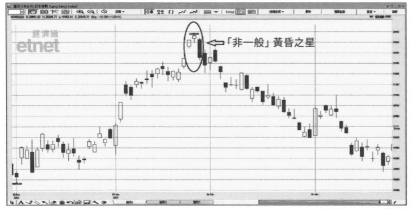

資料提供：etnet 經濟通

在2023年1月30日的「非一般」黃昏之星，也和2022年4月6日有相似情況。

【湯氏理論】「非一般」曙光初現是怎樣的？

曙光初現是入市訊號，共兩天型態。第一天是大陰燭，一般要求第二天必須低過上日的全日低位，再上到上日的中位數或以上。【湯氏理論】認為，第二支必須是陽燭，以大陽燭更適合，只需要開市低於上日收市價即可，或出現陽燭的 T 字星，跟著出現陽燭的巨型吞噬。

換句話說，即是第一日是陰燭，第二日的長形陽燭身包含了上日的低位及收市價。圖表 4.5 便是「非一般」曙光初現。

圖表 4.5　2022 年 6 月 7 日的「非一般」曙光初現

資料提供：etnet 經濟通

在 2022 年 6 月 7 日的「非一般」的曙光初現，第一天是長身的陰燭，第二支是陽燭，低位與上日相約，而收市在上日燭身一半或以上。

【湯氏理論】「非一般」烏雲蓋頂是怎樣的？

烏雲蓋頂是沽貨訊號，共兩天型態。第一天必須是陽燭，第二天要去到上日一半價位。進階版則是第二天不一定是十字星或陽燭，可以是陰燭，但條件是第二天要低過上日的收市價。【湯氏理論】認為第二支必須是大陰燭，低位要在上日的燭身一半以下。圖表4.6為「非一般」烏雲蓋頂。

圖表4.6 2022年11月8日的「非一般」烏雲蓋頂

資料提供：etnet 經濟通

在2022年11月8日的「非一般」烏雲蓋頂，第一天是陽燭，第二支是陰燭，高位未必高過上日高位，低位要在上日的燭身一半以下。

【湯氏理論】的成功率有多少？

一般坊間使用陰陽燭四式型態的贏面約為五至六成，但用【湯氏理論】的成功率卻額外增加一至兩成，並避免滯後。而且一般坊間的型態要等很久才出現，但【湯氏理論】有多些型態可以選擇，密度、波幅和型態的出現率便會提高，在波幅中分別提高入市贏面和出貨盡賺的機會率。坊間不過依書直說，款式自然較少；【湯氏理論】善於實戰運用，在強積金運用中帶來不少實例進帳的機會！

早晨之星和曙光初現是入市的訊號，出貨便找黃昏之星和烏雲蓋頂，整體型態成立，才能找到入市和出貨的機遇。

四式初階是講一般市場的用法，【湯氏理論】用這四式，是有一些變化的。大家要好好熟悉型態，才能靈活應用，運轉乾坤！

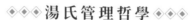

◆◆◆ 湯氏管理哲學 ◆◆◆
第 十 七 條
湯氏理論，進階秘笈。
晨星昏星，百變中燭。
曙光烏雲，二燭已勝。
四式變化，運轉乾坤。

4.2：逆境自強必備技能

如何在逆境中由負變勝？

簡單來說，相信九成打工仔的強積金都是長期負增長，只有少部分投資者懂得選擇正確的基金，並得到正回報。因為大部分人只懂得選擇進攻型基金，但長期持有不轉換，「不動如山」的後果，相信大家仍有印象！而本章節是教大家防守型基金，見形勢不妙就要走。

要在逆境中由負變勝，如果是期指或股票，當然可以買下跌或熊證來賺錢。但因為強積金只可買上升基金，沒有可選擇的下跌基金，所以便要將強積金中的基金作出調整，將現有的基金由高風險跟勢隨波轉回保守基金。在章節1.6「擦亮你的血汗錢～強積金」也曾提到，保守基金可用作防守用途，當現金持有用以避險，保留實力伺機進攻。

在轉回保守基金前，大家首先必須要了解，現有的基金放在何種風險程度以及價格波幅，要確知最近一兩年波幅的最高或最低位。例如美洲、歐洲或亞洲區的基金，必須要找相同的指數作為概覽指示。

舉例：美洲基金可在近一年的道瓊斯工業平均指數尋找波幅，如果接近高位，便可轉去保守基金。例如 2023 年 4 月份，道瓊斯工業平均指數收市已去到 34,098 點。相比圖表 4.7，2022 年 9 月份收市在 28,725 點已有大約 18% 增長，已較高些。因此可以考慮轉換去保守基金當現金用，之後在合適時候再投資中國及香港股票基金 。

圖表 4.7　道瓊斯工業平均指數歷史數據

日期	開市	最高	最低	收市 *
2023 年 4 月	33,245.78	34,104.56	33,235.85	34,098.16
2023 年 3 月	32,656.37	33,572.22	31,429.82	33,274.15
2023 年 2 月	34,039.60	34,334.70	32,636.43	32,656.70
2023 年 1 月	33,148.90	34,342.32	32,812.33	34,086.04
2022 年 12 月	34,533.59	34,712.28	32,573.43	33,147.25
2022 年 11 月	32,862.79	34,589.77	31,727.05	34,589.77
2022 年 10 月	28,855.25	32,889.81	28,660.94	32,732.95
2022 年 9 月	31,454.58	32,504.04	28,715.85	28,725.51
2022 年 8 月	32,755.71	34,281.36	31,509.59	31,510.43
2022 年 7 月	30,737.77	32,910.18	30,143.93	32,845.13
2022 年 6 月	33,156.31	33,272.34	29,653.29	30,775.43
2022 年 5 月	32,978.49	34,117.74	30,635.76	32,990.12
2022 年 4 月	34,740.89	35,492.22	32,913.15	32,977.21
2022 年 3 月	33,813.48	35,372.26	32,578.73	34,678.35
2022 年 2 月	35,151.47	35,824.28	2,272.64	3,892.60
2022 年 1 月	36,321.59	36,952.65	33,150.33	35,131.86
2021 年 12 月	34,678.94	36,679.44	34,006.98	36,338.30
2021 年 11 月	35,833.65	36,565.73	34,424.44	34,483.72
2021 年 10 月	33,930.70	35,892.92	33,785.54	35,819.56
2021 年 9 月	35,387.55	35,475.40	33,613.03	33,843.92
2021 年 8 月	34,968.56	35,631.19	34,690.25	35,360.73
2021 年 7 月	34,507.32	35,171.52	33,741.76	34,935.47
2021 年 6 月	34,584.19	34,849.32	33,271.93	34,502.51
2021 年 5 月	33,904.89	35,091.56	33,473.80	34,529.45

資料來源：https://hk.finance.yahoo.com/quote

如果是歐洲基金，可參考英國富時100指數（圖表4.8）、法國CAC40指數（圖表4.9）及德國DAX指數（圖表4.10）。

圖表4.8 英國富時100指數歷史數據

日期	開市	最高	最低	收市 *
2023年4月	7,674.50	7,937.40	7,632.23	7,870.57
2023年3月	7,876.28	7,974.40	7,206.82	7,631.74
2023年2月	7,771.70	8,047.06	7,745.43	7,876.28
2023年1月	7,451.74	7,875.58	7,448.69	7,771.70
2022年12月	7,573.05	7,599.70	7,302.82	7,451.74
2022年11月	7,094.53	7,599.27	7,076.47	7,573.05
2022年10月	6,893.81	7,132.85	6,707.62	7,094.53
2022年9月	7,284.15	7,514.04	6,829.29	6,893.81
2022年8月	7,446.01	7,578.85	7,263.62	7,284.15
2022年7月	7,169.28	7,441.20	7,007.09	7,423.43
2022年6月	7,607.66	7,646.66	6,998.17	7,169.28
2022年5月	7,544.55	7,648.26	7,158.53	7,607.66
2022年4月	7,515.68	7,669.56	7,339.53	7,544.55
2022年3月	7,458.25	7,595.42	6,787.98	7,515.68
2022年2月	7,464.37	7,687.27	7,204.74	7,458.25
2022年1月	7,384.54	7,619.01	7,283.38	7,464.37
2021年12月	7,059.45	7,457.14	7,059.35	7,384.54
2021年11月	7,237.57	7,402.68	6,989.66	7,059.45
2021年10月	7,086.42	7,281.17	6,945.50	7,237.57
2021年9月	7,119.70	7,195.62	6,828.28	7,086.42
2021年8月	7,032.30	7,224.46	6,993.06	7,119.70
2021年7月	7,037.47	7,170.60	6,813.03	7,032.30
2021年6月	7,022.61	7,217.54	6,948.63	7,037.47
2021年5月	6,969.81	7,164.18	6,823.60	7,022.61

資料來源：https://hk.investing.com/indices

圖表4.8英國富時100指數曾在2022年5月份收市到高位7,607點，但2022年9月份收市到低位6,893點，4個月內下跌已達9％。而到今年2023年4月份收市就回升至7,870，升幅亦達14％，可見一年波幅都有兩次！

圖表 4.9　法國 CAC 指數（^FCHI）歷史數據

日期	開市	最高	最低	收市 *
2023 年 4 月	7,341.69	7,581.26	7,300.33	7,491.50
2023 年 3 月	7,279.34	7,401.15	6,796.21	7,322.39
2023 年 2 月	7,087.20	7,387.29	7,059.61	7,267.93
2023 年 1 月	6,521.07	7,117.53	6,518.21	7,082.42
2022 年 12 月	6,784.60	6,823.10	6,388.23	6,473.76
2022 年 11 月	6,329.76	6,743.60	6,191.73	6,738.55
2022 年 10 月	5,697.47	6,293.15	5,654.44	6,266.77
2022 年 9 月	6,068.34	6,394.18	5,628.42	5,762.34
2022 年 8 月	6,447.18	6,608.83	6,125.10	6,125.10
2022 年 7 月	5,875.60	6,472.27	5,786.50	6,448.50
2022 年 6 月	6,509.19	6,593.15	5,830.87	5,922.86
2022 年 5 月	6,469.31	6,582.05	6,086.02	6,468.80
2022 年 4 月	6,672.98	6,757.75	6,338.61	6,533.77
2022 年 3 月	6,646.16	6,829.40	5,756.38	6,659.87
2022 年 2 月	7,052.30	7,169.63	6,432.89	6,658.83
2022 年 1 月	7,197.40	7,384.86	6,754.24	6,999.20
2021 年 12 月	6,774.80	7,201.65	6,730.63	7,153.03
2021 年 11 月	6,870.28	7,183.08	6,655.86	6,721.16
2021 年 10 月	6,421.10	6,830.34	6,412.70	6,830.34
2021 年 9 月	6,736.44	6,784.66	6,389.62	6,520.01
2021 年 8 月	6,657.95	6,913.67	6,560.74	6,680.18
2021 年 7 月	6,549.82	6,671.12	6,253.25	6,612.76
2021 年 6 月	6,470.42	6,687.29	6,464.71	6,507.83
2021 年 5 月	6,285.51	6,496.32	6,150.43	6,447.17

資料來源：https://hk.finance.yahoo.com/quote

圖表 4.9 法國指數曾見兩次上落波幅，先由 2021 年 5 月份 6,447 點到 2021 年 12 月份 7,153 點 升幅達 10%，但到 2022 年 9 月份回落至 5,762 點，跌幅竟達 19%。後再回升到 2023 年 4 月份至 7,491 點，升幅又達 30%。可見跟勢隨波，機會不少！

圖表 4.10　德國 DAX 指數（^GDAXI）歷史數據

日期	開市	最高	最低	收市 *
2023 年 4 月	15,623.45	15,922.38	15,482.88	15,922.38
2023 年 3 月	15,399.91	15,706.37	14,458.39	15,628.84
2023 年 2 月	15,125.12	15,658.56	15,107.83	15,365.14
2023 年 1 月	13,992.71	15,269.71	13,976.44	15,128.27
2022 年 12 月	14,543.80	14,675.84	13,791.52	13,923.59
2022 年 11 月	13,344.85	14,571.66	13,022.64	14,397.04
2022 年 10 月	11,951.84	13,307.09	11,893.94	13,253.74
2022 年 9 月	12,713.75	13,564.83	11,862.84	12,114.36
2022 年 8 月	13,471.20	13,947.85	12,758.44	12,834.96
2022 年 7 月	12,627.66	13,515.03	12,390.95	13,484.05
2022 年 6 月	14,478.37	14,709.38	12,618.68	12,783.77
2022 年 5 月	13,996.82	14,589.45	13,380.67	14,388.35
2022 年 4 月	14,447.78	14,603.44	13,566.20	14,097.88
2022 年 3 月	14,404.22	14,925.25	12,438.85	14,414.75
2022 年 2 月	15,620.56	15,736.52	13,807.28	14,461.02
2022 年 1 月	15,947.44	16,285.35	14,952.67	15,471.20
2021 年 12 月	15,233.37	15,974.79	15,060.10	15,884.86
2021 年 11 月	15,764.55	16,290.19	15,015.42	15,100.13
2021 年 10 月	15,041.60	15,781.00	14,818.71	15,688.77
2021 年 9 月	15,958.41	15,981.70	15,019.49	15,260.69
2021 年 8 月	15,631.70	16,030.33	15,492.58	15,835.09
2021 年 7 月	15,624.28	15,810.68	15,048.56	15,544.39
2021 年 6 月	15,513.13	15,802.67	15,309.44	15,531.04
2021 年 5 月	15,191.79	15,568.60	14,816.35	15,421.13

資料來源：https://hk.finance.yahoo.com/quote

圖表 4.10 德國 DAX 指數在兩年內亦有急升急跌，如由 2021 年 8 月份 15,835 點 跌至 2022 年 9 月份 12,114 點，跌幅達 23%。但到 2023 年 4 月份已回升至 15,922 點，升幅亦高達 31%。足見波濤洶湧！

由以上幾個美洲市場及歐洲市場例證，可見每個地區的股市都有自己的波動頻率，亦證明逆境自強是必備技能，可跟勢隨波，增加避險功效，更增強賺錢的機會率。

如何在市場上找合適的基金組合？

章節1.6「擦亮你的血汗錢～強積金」也提到，要「增值」便要採用進取型基金，我推薦的中國及香港股票基金就是進取型基金。

市面上有不同的基金組合，有些強積金基金公司沒有提供中國及香港股票基金的組合，有些只有香港股票基金而沒有中國股票基金，有些則只有恒生指數基金。因此必需找到近似的進取基金！據有關資料，銀聯便有中國及香港股票基金，跟恒生指數成份股有多些掛鈎，其他便要找跟恒生指數升跌相關的基金。如沒有中國及香港股票基金組合，便要找恒生指數基金。

要捨得輸，先轉換基金組合，將有餘的資金留下來，等候低價出擊，才能當家作主——「要先捨而後得」。

◆◆◆湯氏管理哲學◆◆◆
第十八條
逆境自強，先學防守。
跟勢隨波，轉換基金。
保守基金，防守避險。
留有餘地，先捨後得。

4.3：捕捉滑梯入貨良機

懂得避險後，如何把握機會轉勢入貨？

上一章節4.2討論防守，保留實力伺機入貨，本章節便教大家下一
步。如果你現時持有保守基金，即代表有資金去投資，便要尋找入貨
機會。

首先要用10天、20天及30天移動平均線去尋找三線滙聚或糾纏不清
型態，看看趨勢性型態向下或向上。捕捉滑梯入貨良機，必須等候三
線滙聚向下發展型態，稱為「滑梯」，在低位轉向時見訊號出現才出
擊（見圖表4.11）。

159

圖表 4.11 捕捉滑梯入貨良機

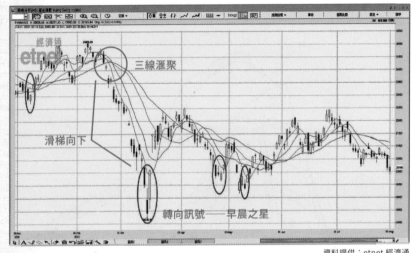

資料提供：etnet 經濟通

當遇上入貨良機，可把保守基金轉去中國及香港股票基金。轉換方法將會在章節 5.1「處理基金分佈圖」及 5.2「專屬基金追蹤組」詳述。

在滑梯中的低位尋找早晨之星或曙光初現型態。曙光初現風險會較高，當然利潤亦會增加，曙光初現是使用兩天的陰陽燭，即 2 支燭；而早晨之星是用三天，即 3 支燭。所以曙光初現比較快，避開滯後更見效果。如果當日大市上落 800 點以上，就算出現了早晨之星或曙光初現，但因為訊號太強，所以不建議入市。

如果只是三條移動平均線向下走，未形成滑梯，有訊號也不入市，必須等待三條移動平均線有間距才尋找訊號出手。

如何令入貨的效果更顯著？

首先要滑梯成形，三條移動平均線要向下走，至少要有兩星期（即10天）持續向下走，間距有一定的闊度，並有一定的訊號。

當三線滙聚，爆了一邊向下走時，可能會出現代表強烈買入訊號的早晨之星，若第三支燭是強大的陽燭，並插入10天平均線，便開始入貨！因為這個訊號的效果會更顯著（見圖表4.12）。

圖表 4.12 早晨之星插入 10 天平均線，強勁買入訊號

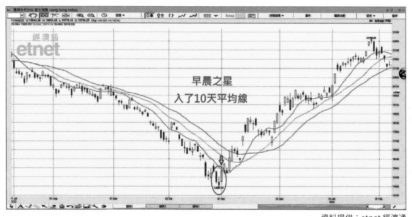

資料提供：etnet 經濟通

如果三線滙聚不夠10天便出現早晨之星，即訊號不夠強，很大機會是失效的早晨之星（見圖表4.13）。

圖表 4.13 滑梯未成形，失效的早晨之星

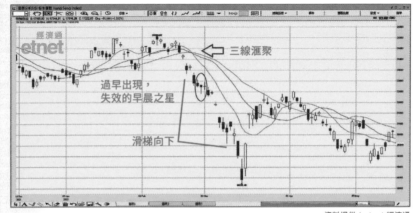

資料提供：etnet 經濟通

在滑梯中的低位尋找良好的早晨之星（見圖表4.14）。第一日和第三日的燭身要差不多長度，若第三日是較長的陽燭，這便是良好的V型。

圖表 4.14 滑梯成形，良好的早晨之星

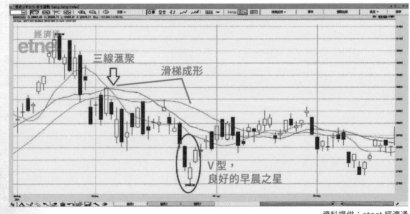

資料提供：etnet 經濟通

想入貨或出貨的訊號更準確，便要將【湯氏理論】的兩把寶劍配合使用，陰陽燭加上移動平均線的三線滙聚，準確度會提升至八成。三線滙聚必爆一邊，找出方向成型後才有動作。

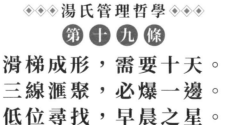

◆◆◆ 湯氏管理哲學 ◆◆◆
第十九條
滑梯成形，需要十天。
三線滙聚，必爆一邊。
低位尋找，早晨之星。
滑梯捕捉，入貨良機。

4.4：享受大飛冲天快感

滑梯入貨後有甚麼策略？

在上一章節4.3「捕捉滑梯入貨良機」中，找到有效的早晨之星買入中國及香港股票基金後，便要等候轉勢向上型態，即等下一次的三線滙聚爆上出現大飛時，尋找出貨良機（見圖表4.15）。

圖表 4.15 捕捉大飛出貨良機

大飛一樣要等三條移動平均線有間距，間距越闊力量越大，不需要過早急於拋售，即使出現黃昏之星也可以不需理會（見圖表4.16）。

圖表 4.16 大飛冲天時出現黃昏之星，不必急於拋售

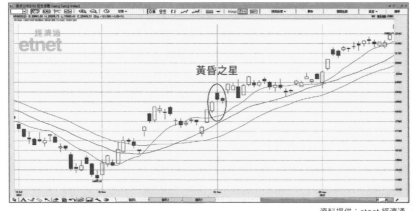

只要一直向上飛翔，不跌穿前交易日的底，便可以繼續持有中國及香港股票基金。

如何令出貨的效果更顯著？

出貨條件是間距慢慢擴大，即三條10天、20天、30天的移動平均線清晰平行向上發展而間距越來越闊，如飛機爬升飛翔，可以等候黃昏之星出現並插入10天移動平均線才沽出（圖表4.17），訊號較強，利潤亦會較多。

圖表 4.17 黃昏之星插入 10 天移動平均線，強勁沽出訊號

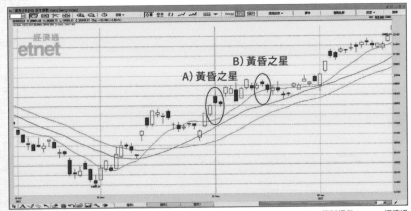

資料提供：etnet 經濟通

比較圖表4.17的兩顆黃昏之星，B的訊號會較A強，因為B插入了10天移動平均線。

在大飛飛翔型態時，如果出現不插入10 天移動平均線的黃昏之星訊號，可以不執行風險管理，繼續享受大飛冲天的快感，賺盡上千點的升幅利潤。

◆◆◆湯氏管理哲學◆◆◆

第二十條

轉勢向上，大飛翱翔。
間距越闊，力量越大。
黃昏入十，走貨時機。
享受大飛，沖天快感。

4.5：秒殺翱翔逆轉時刻

在滑梯和大飛如何秒殺逆轉？

常言道：「時間就是金錢。」在章節 4.3「捕足滑梯入貨良機」，教了大家在滑梯中尋找早晨之星。而在上一章節 4.4「享受大飛冲天快感」，則教大家在大飛中尋找黃昏之星。奈何早晨之星及黃昏之星需要 3 支陰陽燭，所以經常滯後。

要把握時間秒殺逆轉，便是時候使用進階策略，當我們買入賣出時，可以放棄早晨之星和黃昏之星，改用曙光初現和烏雲蓋頂，只用兩日陰陽燭去換取高風險回報。

你每天下午3時45分正在做甚麼？

可能大家在下午3時15分有飲下午茶的習慣，但在下午3時45分大家會做甚麼事？

要當家作主，每天下午3時45分是重要的入市及出貨良機，要養成良好習慣，留意訊號的來臨。因為基金買賣會在下午4點前結束，而買入和沽出需要一點時間。雖然在下午3時59分是最準確的交易時刻，但慎防網上會塞車，因此需要預留15分鐘的時間去處理。

這15分鐘內，訊號有機會有改變，但已經盡量讓訊號的準確性提高。在下午3時及3時30分，當時陰陽燭未必成形。而到了下午3時45分，全日陰陽燭已經九成成形，但仍有機會轉勢。例如四度空間的聚焦區出現角力爭持，5分鐘便可改變圖形。如果持貨，必須等陰陽燭定位方向確立成形，所以要把握時機。又例如失行市，即代表當日的波幅較大，因此要臨近收市前才知道型態，可以盡量接近收市前落盤。如果是平行市，便大可安心在下午3時45分下指示。

以2023年4月28日作為例子（見圖表4.18）。

圖表4.18　2023年4月28日的市場狀況，陰陽瞬間逆轉

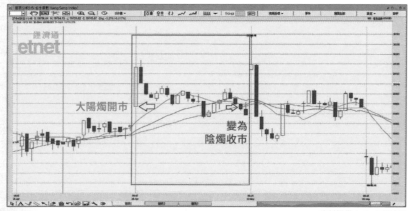

資料提供：etnet 經濟通

當天開市19,936點，短時間內升至高位20,167點。到3點45分之前仍保持開市價之上，所以是陽燭。但收市前卻跌至最低19,894點，亦以此價收市，跌破開市價，即變為陰燭。所以，逆轉陰陽可以在轉瞬間，盡量接近收市前落盤，可以將風險降低些。

當訊號錯誤時會有誤差，且波幅大要越後期才可確認。利用秒殺最後的型態做決定，賺盡最多盈利，亦是風險管理。要強行執行紀律，根據訊號行事。

◆◆◆湯氏管理哲學◆◆◆
第二十一條
當家作主，養成習慣。
三時四五，留意訊號。
入市出貨，把握時機。
秒殺行動，逆轉時刻。

4.6：高沽低揸盡賺技巧

強積金盡賺有甚麼技巧？

盡賺技巧便是「高沽低揸」，而且不要用平均法或規定成本法計價，
而是用有利潤的每次買入價來計算。

很多人會懷疑【湯氏理論】的理念，但事實證明「高沽低揸」是有效
策略，在一年中可進行多次交易賺取利潤，視乎波幅的頻密度。例如
以下兩幅的波浪圖（圖表4.19及4.20）便可證明能夠「高沽低揸」，
多次交易。

圖表4.19 2020年5月22日至2021年2月18日的交易

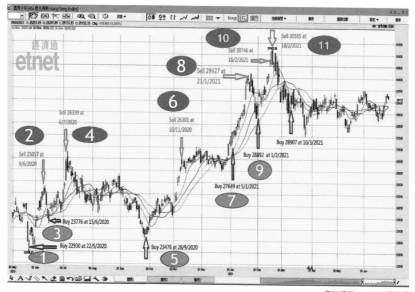

資料提供：etnet 經濟通

之前我們說過很多強積金的武林秘笈，以下就是我們實踐的例子，即
「高沽低揸」。

先看圖表4.19，由2020年5月22日第一次買入到2021年2月18日
最後一次沽出，約9個月的時間已進行了11宗交易。

圖表 4.20 2022 年 1 月 30 日至 2022 年 6 月 23 日的交易

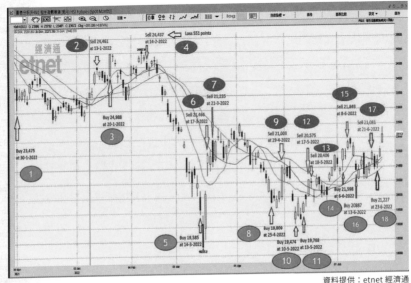

再看圖表4.20，由2022年1月30日第一次買入到2022年6月23日
最後一次沽出，約5個月的時間更已進行了18宗交易。因為波幅越
多越密，可交易次數便越多。波幅少或大升市，反而交易次數少。若
要做到高沽低渣，必須多波幅，不單只是升幅。

我們必須在大飛沽出，在滑梯入貨，這是基本的招式。然而在波浪中，不但大飛可出現多次買賣機會，向下走的滑梯亦有沽出後再入市的機會。憑陰陽燭、三線滙聚、聚焦區，以及神奇號碼去決定是否行動。雖然這些訊號加起來已有九成準確，但萬一好壞消息湧現，使型態突變時，輸錢也必須沽出。有關風險管理的技巧會在章節5.3「三分之一投資論」再詳細描述。

說回圖表4.19的第一單交易，在2020年5月22日，即使沒有早晨之星或曙光初現，但在滑梯遇到強大的聚焦區，如在2020年3月25日至2020年4月2日這7天的交易日中，一共建立了連續7天的聚焦區，形成區間，出現神奇號碼，產生強勁的支持力，所以建議入市，但我們仍然要做風險管理。

在2020年9月28日的第五單交易中，當時出現【湯氏理論】「非一般」早晨之星，雖然中間不是陽燭，都選擇入市。當時向前些日期的區間在5月26日、27日和28日的聚焦區，所以兩個型態的訊號都出現，等於當時陰陽燭出現雙底情況，因此建議入市。至於出貨則視乎賺多少，並採取三分之一投資論的方法或視乎利潤沽出。每注買入要以當注計價去賺錢，不能用買入平均法計價。

有哪些情況可以賺盡？

這裡介紹三種情況可以賺盡。

第一種情況：當買入並向上走時，若條件配合走勢圖的大飛理論，則沽出一半來先賺，另外一半就留待價格再向上時賺最盡的利益。一般人會完全不賣，又或是全賣出，所以【湯氏理論】的方法是有所不同。另一個方法就是不用等黃昏之星，而是大飛上升時，出現強轉弱訊號才沽出，只要不跌穿買入的燭便不走，便能一直享受大飛，做到盡賺。

第二種情況：上升的時候出現大陽燭，之後轉為大陰燭，類似烏雲蓋頂，才走貨。

第三種情況：買貨後向上享受大飛攀升，跌回30天移動平均線才沽出，條件是曾經有一注賺錢。

在圖表4.19，向上升的都是大飛的例子。

至於在圖4.20，向下走的是滑梯和橫行狀況的例子，波浪向下走密度較高，讓買賣的次數增加。滑梯方面要出現轉勢才入市，有兩個考慮條件，一是訊號入了移動平均線，又或是出現強烈訊號如大陽燭的早晨之星或曙光初現。

當家作主，留意相關情況及強烈訊號，高沽低揸盡賺。

◆◆◆湯氏管理哲學◆◆◆
第二十二條
盡賺技巧，高沽低揸。
頻密波幅，多次交易。
大飛滑梯，留意轉勢。
湯氏理論，九成贏面。

投資必須留有餘地，不能過勇去盡搏殺。
三線滙聚必爆一邊，四度空間潛力可見。
滑梯轉上入市良機，大飛轉弱出市靚位。
訊號出現秒殺行動，嚴守紀律勝算倍增。

當家作主，熟讀秘笈。
無痛波浪，洞識訊號。
選取策略，馬上行動。
股票期指，同樣適用。

處理基金，集中管理。
外國基金，高位沽出。
保守基金，用作防守。
伺機進攻，進取基金。

當家作主，管理基金。
認知特質，追蹤基金。
下載程式，分析圖表。
三時四五，見機行動。

策略投資，三分之一。
資金三份，入貨一注。
見機沽出，每次半注。
先行避險，保值增值。

陰陽燭圖，七成贏面。
三線滙聚，八成贏面。
四度空間，九成贏面。
五天均線，插入賺盡。

湯氏理論 為你擦亮血汗錢

5.1 : 處理基金分佈圖

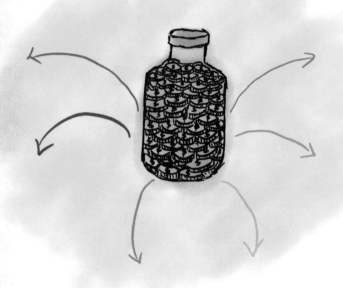

如何處理強積金基金的分佈？

在章節1.6「擦亮你的血汗錢～強積金」提到,保守基金可用作防守用途,當現金持有用以避險,保留實力伺機進攻。想增值時便要採用進取型基金,選擇買中國及香港股票基金就是進取型基金,因為可以即日追蹤恒生指數升跌而反映基金價格的升跌走勢來決定攻略。之前已經講過策略與技巧,現在解釋實際操作。

首先要把強制性供款及自願性供款的兩個戶口整理好,兩個戶口加起來等如全部資產總值,再分三注,各有1/3的資金。盡快把所有現在持有的高風險而貴價的資產轉去保守基金。

一年中約有300天全部放在保守基金,通常最多用第一注或第二注進行轉換,放在中國及香港股票基金,如全部轉入進取基金持有,全年大約只有60天。這個策略既保守又利潤好。

強積金分散投資好嗎?

分散投資不一定好,強積金反而要集中投資,當家作主的你也較易管理。

將持有的資金集中火力,買入自己認識及知道的基金,審視價格趨勢而去穩守突擊。如上所述,慢慢將其他基金轉換到保守基金(300日持有),適合時轉入中國及香港股票基金(60日持有)。

大部分人的強積金分佈得較散,特別是曾多次轉工的人士,他們擁有不同強積金公司的基金,就必須整合為一間強積金公司,方便自己打理。因此要整理現有的基金,理解自己基金的特性,如美洲基金、歐洲基金和混合基金的特性,了解目前的價位是屬於高還是低,因此要翻查基金的表現。詳情請參章節4.2「逆境自強必備技能」。

轉換強積金基金的基本策略是怎樣？

必須先把其他組合基金在高位時沽出，轉入保守基金當現金用。如各地股票組合基金，就必須找回當地股票指數與現時股票組合基金作參考，來判斷價格高低位。

大部分人都存有不同倉，如30%中國及香港股票基金、25% E70混合資產基金、20%歐洲基金、15%美洲基金或債券基金及10%保守基金。

先要把現有高價位基金慢慢轉入保守基金，假設：E70、歐洲、美洲或債券基金已是高價位，必須沽出一半轉入保守基金，即變成如圖表5.1。

圖表 5.1 模擬基金組合變動

基金	轉換前持倉	佔比變化	轉換後持倉
中港基金	30%	=	30.0%
E70	25%	↓	12.5%
歐洲基金	20%	↓	10.0%
美洲基金或債券基金	15%	↓	7.5%
保守基金	10%	↑	40.0%

沽出一半高價基金，轉入保守基金。

基金變動後，會分成三注。30%的中國及香港股票基金是第一注，其他剩餘30%的外國基金是第二注，40%的保守基金是第三注，通常很少用到第三注。

基金在價格高位，便要賣出進取基金如中國及香港股票基金，並放在保守基金當作現金；基金在價格低位，便動用保守基金，轉換去買入進取基金。

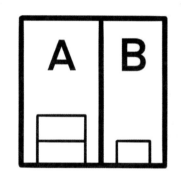

不要忘記管理費的考量！高風險基金管理費較貴，保守基金管理費則少於1%。

要做到「先避險，後保值，再增值」。

◆◆◆湯氏管理哲學◆◆◆

第二十三條

處理基金，集中管理。
外國基金，高位沽出。
保守基金，用作防守。
伺機進攻，進取基金。

第五章 處理基金分佈圖

5.2：專屬追蹤基金組

如何管理強積金基金？

對於強積金「從不動」的讀者們，相信閱讀至此，都已經開始覺醒，但卻面對一個大難題：我們沒有能力預知基金價格走勢，如何能夠「當家作主」管理自己強積金呢？即使知道歐洲、美洲、亞洲市場及其他組別的價格才下單，已經滯後一天了。同時更缺乏工具及資訊，每日即時提供技術分析資料或型態圖形！

想當家作主，每日管理自己強積金基金的投資，就要即時預計到當日基金的上落，而「中國及香港股票基金」有類似追蹤恒生指數上落的能力，只要所選基金組合內的股票包含恒生指數的成份股佔多就可以，這樣就可跟隨大市的上落，來獲得更多資訊判斷入市或出市。特別是香港大部分強積金已經改為當日下午4時前下單，就以當日價格結算。所以平時可以轉入保守基金作安全的投資，如果看到適合的型態便可當日立即轉換去進取基金。

市面有不同可追蹤恒生指數的基金組合，有些公司會推介中國及香港股票基金，若沒有，可以退而求其次，選擇恒生指數追蹤基金。

據我Tom Tom統計，如用十萬港元買入BCT銀聯集團的中國及香港股票基金，若恒生指數升100點，平均也可以賺500多元，大約0.50%的利潤，假如恒生指數一天內升500點的話，以累計法計算平均就有2.50%，如果做到一次盈利，全年其餘時間轉回到保守基金，就如放了港幣10萬元做一年定期，息率有2.5厘，所以數字相當可觀。相反，假如你已持有這些類似基金，高位不走的話，當大跌時風險亦相對高。請參考下列三個圖表的價格及計算(圖表5.2–5.4)。

圖表 5.2

BCT 中國及香港股票基金在 2023 年 2 月 28 日的基金價格

| BCT 積金之選 | ▾ | 截至日期 📅 2023年02月28日 | ▼ 顯示基金篩選器 |

基金 ⇕	基金類別 ⇕	基金價格 (港幣)[1] ⇕	風險及回報程度[4] ⇕	報告 (完整版)
BCT 中國及香港股票基金[2]	股票基金	0.9409	5 ⬛	⬇

資料來源：BCT 銀聯集團

圖表 5.3

BCT 中國及香港股票基金在 2023 年 3 月 1 日的基金價格

| BCT 積金之選 | ▾ | 截至日期 📅 2023年03月01日 | ▼ 顯示基金篩選器 |

基金 ⇕	基金類別 ⇕	基金價格 (港幣)[1] ⇕	風險及回報程度[4] ⇕	報告 (完整版)
BCT 中國及香港股票基金[2]	股票基金	0.9819	5 ⬛	⬇

資料來源：BCT 銀聯集團

圖表 5.4

BCT 中國及香港股票基金的基金價格預計升值

日期	恒生指數	BCT 中國及香港股票基金價格	單位	港幣價值	恒生指數每升100點10萬資金利潤
28/2/2023	19785	0.9409	106,281.22	100,000.00	\
1/3/2023	20619	0.9819	106,281.22	104,357.53	\
	834	0.041		4,357.53	522.49

免費安裝「經濟通」，
每天下午3時45分準時管理強積金

在章節4.5「秒殺翱翔逆轉時刻」提到，要當家作主，每天下午3時45分是重要的入市及出貨良機，要養成良好習慣，留意訊號的來臨。

我 Tom Tom 建議大家在手機安裝一個應用程式「經濟通 etnet 強化版 MQ」，每天下午3時45分便打開來看，見到合適型態便可馬上行動。詳細步驟如下：

第一步

從 App Store（Apple 或 Android 手機都可以）免費下載並安裝「經濟通 etnet 強化版 MQ」應用程式（圖表5.5）。

圖表 5.5「經濟通 e t n e t 強化版 M Q」應用程式

第二步 ▶▶▶

開啟程式，選擇「港股」版面，點擊「恒生指數」版面，打開走勢圖
（圖表 5.6）。

圖表 5.6 打開恒生指數版面的走勢圖

第三步 ▶▶▶

選擇「恒生指數」（圖表 5.7）。

圖表 5.7 指數類型選擇「恒生指數」

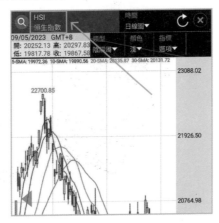

第四步 〉〉〉

設定「主圖指標」及「副圖技術指標」（圖表5.8），並按確定。「主圖指標」可選擇1種，通常選「簡單移動平均線」（SMA）或「指數移動平均線」（EMA）；「副圖技術指標」可選擇最多4種，可按需要設定，例如「成交量」（VOL）。如選好主圖指標為 SMA 後，再按下右下角的「參數設定」，去做第五步。

圖表 5.8 設定「主圖指標」及「副圖技術指標」

（第五步）>>>>

設定「移動平均線」日數（圖表5.9），例如「簡單移動平均線」（SMA）
可選5天、10天、20天及30天，並按確定。

圖表5.9 設定「移動平均線」日數

（第六步）>>>

時間選「日線圖」（圖表 5.10）。

圖表 5.10　選擇「日線圖」

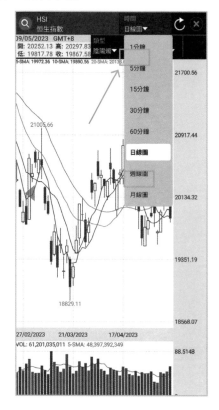

第七步 >>>

設定完成，各位記得每日下午3點45分準時查看此走勢圖（圖表
5.11），分析型態，當家作主決定是否出擊！

圖表 5.11 設定完成，每日下午 3 點 45 分查看走勢圖

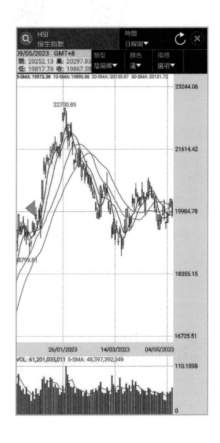

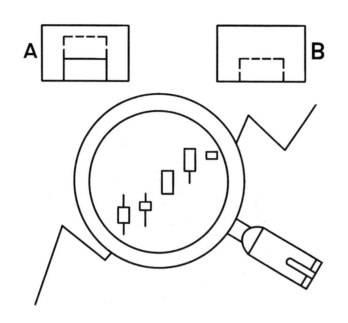

◆◆◆ 湯氏管理哲學 ◆◆◆

第二十四條

當家作主，管理基金。
認知特質，追蹤基金。
下載程式，分析圖表。
三時四五，見機行動。

5.3：三分之一投資論

強積金如何策略性投資？

最重要是當家作主，留意著恒生指數的波幅，以三分之一投資理論作策略性投資。

換句話說，即是把全部強積金資金加起來（包括強制性供款戶口及自願性供款戶口），分為三份，每次買入只用第一注的錢去買。假設基金有90萬，可以分三注，每注30萬，不同注數有不同的策略。

為何要用三分之一投資理論？

大部分人會把100%的基金放在一次性投資，那贏或輸都是100%，
或他們分多次買入，但用平均買入計算成本法，這樣即使升市有錢賺
都不肯沽出，因平均成本價還未到，回調時更加沒有沽出，到頭來也
一樣虧損。這樣的心態便輸了！好多人賣了便不會再買，跌了也不會
去追。在高位不沽貨，這樣便沒有資金在低位買入。

三分之一投資論的特色是，每注贏是先贏一半，輸也先輸一半。「先
避險，後保值，再增值」。隨時有資金在手，可做到風險管理，又做
到保本的原則，留有資金才可適時進攻。

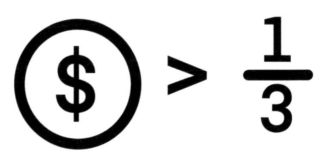

如章節1.6「擦亮你的血汗錢～強積金」及5.1「處理基金分佈圖」所言，一年大約有300日是將強積金放在保守基金，當現金用；60日放在進取基金，即中國及香港股票基金。又如章節1.2「大數據分析，勝算有幾高」說過，歷史數據印證恒生指數每月大約有2,000多點波幅，而每年大約有8,000多點波幅，即恒生指數波幅如歷史不斷重演，在每年8,000多點波幅內，有12次每月2,000多點波幅。這代表今注如入錯了，只要能保本，加上肯多動些，大有機會追回，更能反勝，但必須以每注買入成本價來計算利潤！

放進保守基金並分拆為三注的原因是慎防看錯市，留有餘地可以有資金在低位再入貨。重要的是每一注的買入，要用當次的成本價計算。

【湯氏理論】是不能在最高沽出或最低買入，但能夠在低位轉角市時有訊號入貨，高位型態轉弱出貨，跟大市隨波逐流，從滑梯的波幅中圖利，從大飛中享受冲天快感。

如何分注買入和沽出？

每日下午3時45分，查看5.2「專屬追蹤基金組」已設定好的恒生指數日線圖。如有早晨之星或曙光初現的型態或訊號出現，便用第一注入市 (1)，即將1/3的保守基金轉入中國及香港股票基金。

買入第一注後升

如果市況沒有訊號但仍繼續升，直至出現黃昏之星或烏雲蓋頂，那就走一半即1/6稱為 (1A)，留下一半即1/6稱為 (1B)。即使價位升了，但未沽出都未算是贏，要將利潤轉換去保守基金反映價格增值。

如果市況繼續升，直到下次有轉弱訊號就賣出剩餘的1/6，即 (1B)。

如果市況繼續升而未有轉弱訊號，即大飛持續，這時便等大飛的趨勢回落，而不是看黃昏之星，而是比對上日的低位，低過才可沽出。

如果出現早晨之星便入第二注 (2)，而第三注 (3) 在大飛情況下一般是不會用的。

買入第一注後跌

如果買了第一注(1)便立即跌，基準率是5%，就會走(1A)，即1/6。

如果跌不夠5%，而出現早晨之星或曙光初現，就買第二注(2)。下第二注後，若出現烏雲蓋頂，便賣出一半，即1/6(2A)，留下餘下之1/6(2B)。再跌，便等第三次的早晨之星，再入第三注(3)，因為根據章節2.1「大數據分析，勝算有幾高？」所述，每月有2,000多點的波幅，之後好大機會向上走；如果再跌，便不會走，除非跌多過10%；如果再跌10%，便走(3A)。第三注開始要看5天移動平均線。

我們試試代入以下數個情境。

情境 1　滑梯狀態

將強積金分為三份，如果型態正確，即滑梯下有早晨之星或曙光初現，第一注(1)即用1/3投資，從保本基金轉做中國及香港股票基金，當向上升10%或600點以上，或出現黃昏之星，走一半，分(1A)和(1B)，沽出(1A)，即1/6。如果第二天繼續升，或有黃昏之星，會賣出剩餘一半，即(1B)。

情境 2 如果跌市

如果入第一注(1)後跌市,即在滑梯時買入後跌超過5%,沽出(1A),留(1B)。(1B)在向上時等待有利潤才沽出。如果持續跌市,但出現早晨之星,入第二注(2),因每月平均波幅2,000點,但每年實際平均波幅有8,000點,即是七成會向上走,便跟情境1的做法。

情境 3 入完繼續跌

萬一入完第二注(2)繼續跌,沽出(2A),剩下 $1/6 \times 2 = 1/3$,即(1B)及(2B)。如果再跌,見到早晨之星,入第三注(3),即現有(1B)、(2B)、(3A)及(3B)= $1/6 \times 4 = 2/3$,即有2注在手,視乎市勢,等向上升10%或600點再行沽出。

情境 4　大飛狀態

當情境1買入第一注(1)後飆升，還出現大飛狀態，持續發現早晨之星，便繼續入第二注(2)。第三注(3)如是者，但當燭身回調，插入10天移動平均線便走貨，或者跟5天移動平均線早些走。

我會在章節5.6講解一些真倉實證，大家便會更明白如何找出入市／出貨的時機，以及在不同市況下的分注買入／沽貨策略！

◆◆◆湯氏管理哲學◆◆◆

第二十五條

策略投資，三分之一。
資金三份，入貨一注。
見機沽出，每次半注。
先行避險，保值增值。

5.4：無痛波浪寶中尋

如何可以在無痛的狀態下管理強積金？

當然想當家作主，就要熟讀秘笈，一看到訊號便懂得如何做，並知道升到甚麼時候便出貨，跌到甚麼時候便入貨。

確信大市有上有落，必須等到大飛和滑梯趨勢成形才尋找訊號，因為大市很多時候都是橫行，有時候會有假訊號。而下跌趨勢和上升軌道未必形成滑梯或大飛，特別在三條移動平均線糾纏不清的狀態，因此要清楚明確滑梯成形才可以尋找入市的時機，大飛成形才可以尋找出貨的良機。

在章節 4.3「捕捉滑梯入貨良機」和 4.4「享受大飛冲天快感」提到，要等滑梯或大飛成型態，需要至少 10 天時間，甚至要 20 至 30 天以上，才可有間距平均向上飛或滑下型態！

如何在短時間內斷定滑梯的真確性，必須加上四度空間找尋向下聚焦區，如果形成滑梯，但跌穿四度空間的聚焦區支持，便可以等候其反彈的訊號出擊。即當每天下午 3 時 45 分，見向下到聚焦區後，再反彈便可以入市。早晨之星和曙光初現必須從聚焦區底下反彈，出現訊號更強，有效度更高！

如果向上升，當上升至聚焦區的阻力位，突破後回落形成黃昏之星或烏雲蓋頂，亦是強烈沽出訊號。

這樣贏面便增至八成。

持有保守基金有甚麼策略？

如果全部資金都放在保守基金，便要等待滑梯的型態出現，再尋找訊號如早晨之星或曙光初現，便是入貨的良機。這裡有三個可能情況。

第一種情況是出現三線滙聚或糾纏不清，「三線滙聚，必爆一邊」。可以暫時按兵不動，等候爆單邊。

第二種情況是出現滑梯，即三條移動平均線（10天、20天、30天）平行向下，便等候入貨的訊號，要等待下跌趨勢轉弱，開始掉頭轉上，開始出現轉角型態，尋找早晨之星或曙光初現訊號。

第三種情況是出現大飛，即三條移動平均線（10天、20天、30天）平行向上，便無須入貨，因為風險會較高，如出現買入訊號亦未必準確。另一方面，如有貨在手，應等候沽出的訊號，即大飛上升轉弱，出現黃昏之星或烏雲蓋頂，就沽貨止賺。未有訊號出現，便沒有任何動作可做。正如章節 5.1「處理基金分佈圖」所說，有機會 300 天都沒有動作，只有 60 天有訊號，即有機會買了貨後，隔很久才出現下一次交易機會，所以有時持倉是比較沉悶的。

只要看著走勢圖，如果發現【湯氏理論】的型態便行動，不用考慮，即每天下午 3 時 45 分從應用程式中發現訊號出現便立即行動。從滑梯中找早晨之星，加上區間，二擇其一都可以行動，如可承受高風險便找曙光初現。

不同年齡層有甚麼考慮點？

若分年齡層，年輕人較進取及可以承受較高的風險，可以3注全用，
跟策略分3次入市。

至於即將退休及退休人士，可以保守一點，入1、2注便可，第3注
通常不用。

強積金管理可以是無痛的經歷，只要認知【湯氏理論】，見圖形型態
跟著做便可。縱使不太懂投資，也會懂得管理強積金，在無痛波浪中
尋寶。

◇◇◇ 湯氏管理哲學 ◇◇◇

第 二 十 六 條

當家作主，熟讀秘笈。
無痛波浪，洞識訊號。
選取策略，馬上行動。
股票期指，同樣適用。

5.5：精準贏率密揭秘

管理強積金的贏面有多少？

當家作主要贏面高，便要知道如何同時運用陰陽燭的 K 線圖、移動平均線的三線滙聚及四度空間。在章節 2.1「一套戰略打天下」也提到，這套戰略的贏面可達九成。

運用陰陽燭的 K 線圖，贏面可達七成。若加上移動平均線（10 天、20天、30 天）的三線滙聚，贏面可達八成。

四度空間是看大趨勢，如果運用聚焦區或聚焦點，可達到贏面九成。

從四度空間亦可以看到早晨之星（圖表5.12），呈一個「V型」。如果第三天的聚焦區較高，即合理值較高，便較大機會向上升，這也可以讓贏面提高至九成，反之亦然。

圖表5.12 四度空間的早晨之星

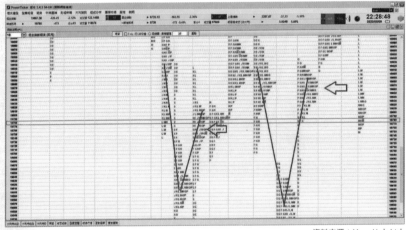

資料來源：MegaHub Ltd.

加上5天移動平均線，提升贏面！

如果未有【湯氏理論】的四度空間程式，未有真實的佈雷陣，找不到聚焦區，計不出神奇號碼時，但又想將準確性提高，可以在三條移動平均線（10天、20天、30天）中加多一條5天移動平均線，同樣可將贏面提升至九成！

5天移動平均線，反映了一星期的平均數，即價格短期的發展，因此最能反映現況。一般投資概念會用兩種型態分析，一種是基本分析，即分析一間公司的長遠盈利，業績表現佳便令股價增升，但即使分析正確，通常要等待較長時間才能獲利！第二種是技術分析，即時分析近期圖形走勢，包含好壞消息。短時間的敏感度會提高，因此如果插入5天平均線，敏感度便會提升，更見效果。

如果早晨之星和黃昏之星的收市價能插入5天移動平均線，便會將贏面提高至九成，而且不會出現滯後現象。圖表5.13及5.14便是早晨之星插入5天移動平均線的例子。

圖表5.13　大飛現早晨之星，插入5天移動平均線提高贏面

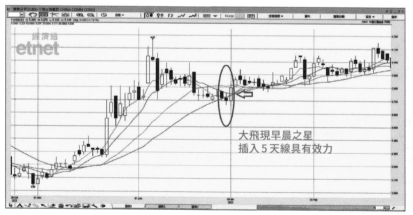

圖表 5.14 早晨之星插入 5 天移動平均線，更見效果

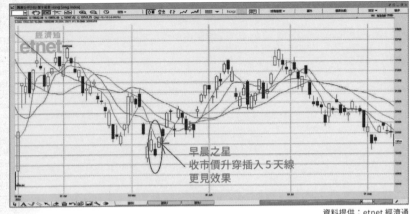

早晨之星
收市價升穿插入 5 天線
更見效果

資料提供：etnet 經濟通

特別是曙光初現，如插入 5 天移動平均線，準確性更加提高。如果烏雲蓋頂插到 5 天移動平均線，便要馬上走貨。

利用收市價插入 5 天移動平均線，賺盡利潤，但風險也會增高，此策略亦可以應用在股票買賣及期指。

如果讀者沒有四度空間的程式，可以利用 5 天平均線來加強訊號準備度，提升出入市贏面。

當然投資任何產品都有一定風險，投資前必須衡量自己承受風險的能力，必須考慮清楚，同時自我加以分析計算才可入市，不能盲目跟從！

投資產品，可升可跌！

◆◆◆ 湯氏管理哲學 ◆◆◆
第二十七條

陰陽燭圖，七成贏面。
三線滙聚，八成贏面。
四度空間，九成贏面。
五天均線，插入賺盡。

5.6：通曉高手方程式

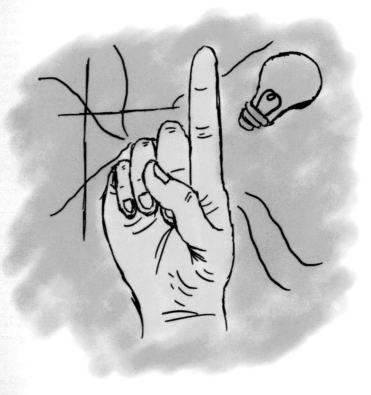

股壇高手是用甚麼必殺技？

必殺技是一條投資成功方程式，運用三劍合璧，即「陰陽燭」、「移動
平均線」及「四度空間」，劍指九成贏面。

投資成功方程式 = 陰陽燭 + 移動平均線 + 四度空間

同時運用此三劍是有其規律的，要尋找型態。憑陰陽燭找出入市的型態，移動平均線的三線滙聚找方向性的型態，四度空間找聚焦型態，輕易便可以找到轉入和轉出的訊號，然後便要馬上行動。

這條投資成功方程式，不單可以用在強積金投資，還可以用在一般投資產品，特別是股票產品及期貨市場。

如果每一種工具都能熟練地運用，三劍合璧的成效可達到九成贏面，馬上成為一等一的投資高手。

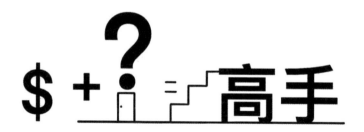

【湯氏理論】適用於其他投資嗎？

【湯氏理論】不只能用在強積金管理，還可以用在股票、期指等的投資，可利用30分鐘圖做股票買賣。30分鐘圖時常發生從早升到晚的現象，或由開市跌到收市，看即時30分鐘圖，根據即時的訊號做交易，又稱為「即日鮮」。

以恒生指數為例，圖表5.15為恒生指數30分鐘圖的大飛型態。

圖表5.15 2023年5月8日恒生指數現大飛

2023年5月8日，看頭一支30分鐘的陰陽燭，開市在20,128點，曾經急升120點上到最高位20,248點，回頭反跌164點到燭底20,084點，碰到上日的聚焦區支持，然後反彈到20,109點，頭30分鐘第一支燭以陰燭收市。但下一個30分鐘時段開始發力，不停向上升直至頂20,321，最後回落小小收市在20,297點，可見即日30分鐘圖揭示假跌市。

【湯氏理論】除了可以應用於恒生指數，還可以運用在股票投資，以騰訊控股 (700) 為例，圖表5.16為騰訊控股滑梯。

圖表 5.16 2023 年 5 月 9 日騰訊控股 (700) 現滑梯

資料提供：etnet 經濟通

2023 年 5 月 9 日，第一支 30 分鐘陰陽燭見開市價 \$338.20，然後衝上至 \$339.20，接著遇到上日的聚焦區並受到阻力回落，之後 30 分鐘陰陽燭各支順勢如滑梯一路回落，直至收市到 \$328.40，近乎全日最低位收市。可見第一支開市時假突破向上，因受阻於上日聚焦區回落至收市。

三線滙聚反映在即日鮮最為有效，只需要認清型態，跟勢隨波，亦可有機出入市。

Tom Tom 開倉實證，演示【湯氏理論】成效

為鼓勵更多人當家作主，我 Tom Tom 一直積極開班授課，傳授【湯氏理論】秘笈，上課人次已超過 3,000 人次。而為增強學員學習興趣，我開了多個初階及進階研習群組來印證事例，就以 2022 年 11 月 1 日至 2023 年 1 月 17 日這兩個半月期間的市況及 5 次投資作實證，可見贏面追越大市。圖表 5.17 為演示分析。

圖表 5.17 積金投資盈利分析表

日期	買入/賣出	恒生指數	指數點	價格(港幣)	每基金單位收益(港幣)	基金單位	成交金額(港幣)	賺/蝕	平均每$100,000收益
1/11/2022	B	15455		0.7373		135,630	100,000		
9/11/2022	S	16358	903	0.7766	0.0393	135,630	105,330	5,330	5,330
17/11/2022	B	18045		0.8598		116,306	100,000		
2/12/2022	S	18675	630	0.8893	0.0295	116,306	103,431	3,431	1,716
28/11/2022	B	17297		0.8157		122,594	100,000		
1/12/2022	S	18736	1439	0.8890	0.0733	122,594	108,986	8,986	4,493
8/12/2022	B	19450		0.9299		107,538	100,000		
5/1/2023	S	21052	1602	1.0028	0.0729	107,538	107,840	7,840	3,920
23/12/2022	B	19593		0.9262		107,968	100,000		
17/1/2023	S	21577	1984	1.0392	0.1130	107,968	112,200	12,200	6,100
				6558	0.3280			37,787	21,559
							利潤百分比		21.56%

我以港幣 $200,000 作投資本金，分為兩注下注。在這兩個半月期間，經過 5 次投資後，收益進賬達到港幣 $37,787，約為 22%，回報率令人滿意！用恒生指數的方法計算，2022 年 11 月 1 日第一次買入時是 15,455 點，2023 年 1 月 17 日第五次賣出時是 21,577 點，如果是一次買賣，結果是升了 6,122 點。但經過 5 次投資後，實質是升了 6,558 點，跑贏大市 436 點。

要做到這個效果，條件是當家必須作主，要管理強積金，當留意到型態出現時便馬上行動。當然在投資時也要管理風險，審時度勢，因不利的消息也會影響操作。

由於身份角色關係，我習慣將訊息提早發放給學員，通常是在早上開市前或中午休市時段。

2022年11月1日，現早晨之星入市：

早上8時48分，Tom Tom向進階4A班發出訊息，指示當日下午如見訊號，可即時入市！（圖表5.18）

圖表5.18
2022年11月1日早上8時48分，Tom Tom所發信息

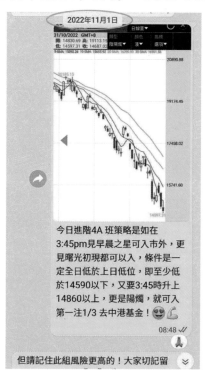

當日下午3時45分，果然出現早晨之星（圖表5.19），馬上投資港幣
$100,000。

圖表 5.19
2022年11月1日下午3時45分，現早晨之星

資料提供：etnet 經濟通

2022年11月9日，現黃昏之星止賺：

下午12時31分，Tom Tom 向進階 4A 班發出訊息：指示留意當天移動平均線走勢，提醒見機止賺。（圖表 5.20）

圖表 5.20
2022年11月9日下午12時31分，Tom Tom 所發信息

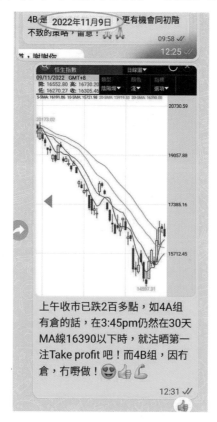

當日下午 3 時 45 分，出現黃昏之星（圖表 5.21），插斷移動平均線，馬上沽出於 11 月 1 日買入的貨，獲利港幣 $5,330。

圖表 5.21
2022 年 11 月 9 日下午 3 時 45 分，現黃昏之星

資料提供：etnet 經濟通

2022年11月17日，現曙光初現入第一注：

下午1時12分，Tom Tom 向進階4A班發出訊息，指示如下午見訊號，便可以買入。（圖表5.22）

圖表 5.22
2022年11月17日下午1時12分，Tom Tom 所發信息

當日下午 3 時 45 分是陽燭，出現曙光初現（圖表 5.23），低位比較昨天低，腳長些，但有力反上去。在 15 分鐘買賣期間變了陰燭，投資港幣 $100,000。

圖表 5.23
2022 年 11 月 17 日下午 3 時 45 分，現曙光初現

資料提供：etnet 經濟通

2022年11月28日，現早晨之星入第二注：

上午11時03分，Tom Tom向進階4A班發出訊息，指示如下午見訊號，便可入第二注。（圖表2.24）

圖表5.24
2022年11月28日上午11時03分，Tom Tom所發信息

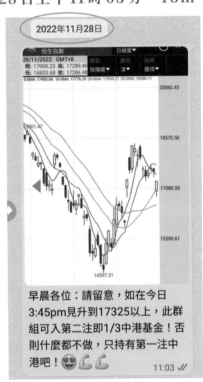

通常裂口高開不用追，因理論上當日會向下走。但從四度空間支持位見反彈，從 16,800 點聚焦區這個位反彈。當時曙光初現成型，但狀況不太理想，不過有四度空間聚焦區的支持反彈，所以都入市。此聚焦區的日子是從 2022 年 10 月 12 日到 19 日，此 6 日的聚焦區再加上 11 月 7 日至 9 日這 3 日。

當日下午 3 時 45 分出現早晨之星（圖表 5.25），並且升到 17,325 點以上，便投資第二注的港幣 $100,000。留意每一注買入非計算平均價，而是用該注的成本價計價。

圖表 5.25
2022 年 11 月 28 日下午 3 時 45 分，現早晨之星

資料提供：etnet 經濟通

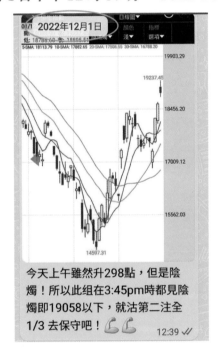

2022年12月1日，現烏雲蓋頂沽第二注：

下午12時39分，Tom Tom向進階4A班發出訊息，指示如下午見
訊號，便將第二注全沽。（圖表5.26）

圖表 5.26
2022年12月1日下午12時39分，Tom Tom 所發信息

當日下午3時45分變了陰燭，燭身較長，出現烏雲蓋頂（圖表5.27），身型插下去，且在19,058點以下，有得賺便要走，冇得賺便要繼續持有，因未跌破上日低位。由於有得賺，所以沽出於11月28日第二注買入的貨，獲利港幣$8,986。

圖表 5.27
2022年12月1日下午3時45分，現烏雲蓋頂

烏雲蓋頂

2022年12月2日，現黃昏之星沽第一注：

上午9時32分，Tom Tom向進階4A班發出訊息，指示如下午見訊號，便將第一注全沽（圖表5.28）。

圖表 5.28
2022年12月2日上午9時32分，Tom Tom所發信息

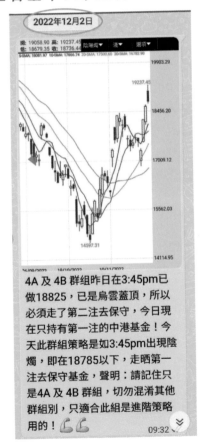

當日下午3時45分是陰燭，出現黃昏之星（圖表5.29），且在18,785
點以下，沽出11月17日第一注買入的貨，獲利港幣 $3,431。

圖表 5.29
2022 年 12 月 2 日下午 3 時 45 分，現黃昏之星

資料提供：etnet 經濟通

2022年12月8日，現早晨之星入第一注：

下午1時54分，Tom Tom 向進階4A班發出訊息，指示如下午見訊號，便可入市（圖表5.30）。

圖表5.30
2022年12月8日下午1時54分，Tom Tom 所發信息

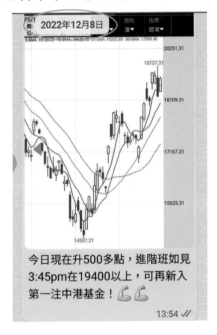

當日下午3時45分，出現早晨之星（圖表5.31），並且在19,400點以上，再投資第一注的港幣 $100,000。

圖表 5.31
2022年12月8日下午3時45分，現早晨之星

資料提供：etnet 經濟通

其實這顆早晨之星並不太理想，但為何仍要入市？

因為若加上 5 天移動平均線，便可見早晨之星正正顯現在 5 天線上（圖表5.32），入市訊號加強，提升準確度。所以，如果陰陽燭訊號不太強時，要參考 5 天移動平均線及四度空間。

圖表 5.32
早晨之星＋5 天移動平均線，提升準確度

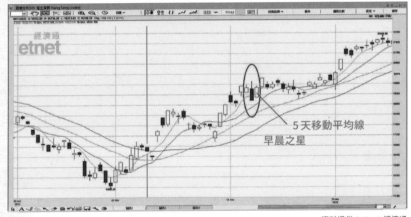

資料提供：etnet 經濟通

2022年12月23日，現曙光初現入第二注：

上午9時21分，Tom Tom向進階4A班發出訊息，指示如下午見訊號，便可入第二注（圖表5.33）。

圖表5.33
2022年12月23日上午9時21分，Tom Tom所發信息

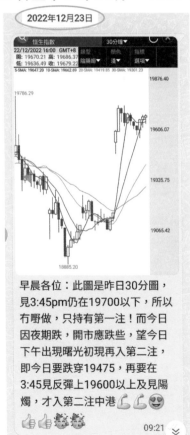

當日下午3時45分，出現曙光初現（圖表5.34），是陽燭，且接近
19,600點水平，再投資第二注的港幣$100,000。

圖表5.34
2022年12月23日下午3時45分，現曙光初現

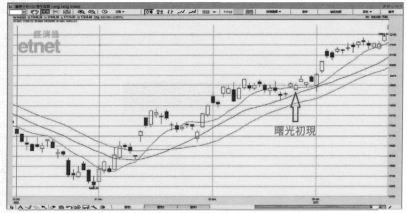

資料提供：etnet 經濟通

2023年1月5日，現烏雲蓋頂沽第一注：

下午12時21分，Tom Tom 向進階4A班發出訊息，指示如下午見訊號，便沽出第一注（圖表5.35）。

圖表5.35
2023年1月5日下午12時21分，Tom Tom 所發信息

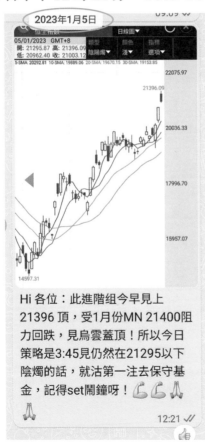

當日下午3時45分是陰燭，出現烏雲蓋頂（圖表5.36），且在 21,295點以下，沽出於2022年12月8日第一注再買入的貨，獲利 港幣 $7,840。

圖表 5.36
2023年1月5日下午3時45分，現烏雲蓋頂

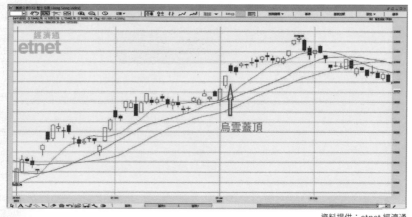

資料提供：etnet 經濟通

2023年1月17日，現黃昏之星沽第二注：

上午9時30分，Tom Tom向進階4A班發出訊息，指示如下午見訊號，便沽出第二注（圖表5.37）。

圖表 5.37
2023年1月17日上午9時30分，Tom Tom 所發信息

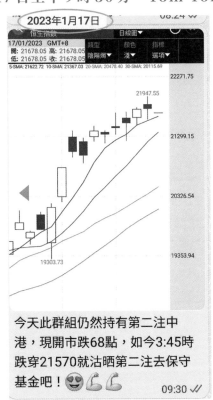

今天此群組仍然持有第二注中港，現開市跌68點，如今3:45時跌穿21570就沽晒第二注去保守基金吧！😍💪💪

09:30 ✓✓

當日下午3時45分出現黃昏之星（圖表5.38），而且非常接近21,570點，沽出於2022年12月23日第二注再買入的貨，獲利港幣$12,200。

圖表5.38
2023年1月17日下午3時45分，現黃昏之星

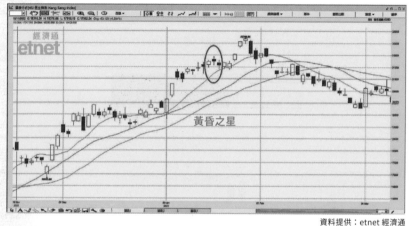

資料提供：etnet 經濟通

從以上實例，大家應該更明白嚴守紀律的重要性！管理強積金，要「先避險，後保值，再增值」。在當天下午3時45分看見訊號後便馬上行動，上述所有交易都有獲利，各位學員也真正體會到當家作主的價值。

「當家作主」最重要的心法是甚麼？

遺憾的是，不少打工仔在強積金的慘痛經歷中，都感覺非常無助！辛辛苦苦儲下的血汗錢竟然大量蒸發，皆因大部分人都將強積金置之不理。

我 Tom Tom 的一位同事也遭遇相似的經歷，強積金在大約兩年前也只是打和。但當他學習和運用了【湯氏理論】後，自己當家作主，經常將強積金從高位沽出、低位買入，結果強積金在這兩年間升了78%（$342,694.51 / $436,909.34）（圖表 5.39）！

圖表 5.39　運用【湯氏理論】，強積金兩年間升值78%

資料來源：BCT 銀聯集團

所以，想當家作主，便要學習【湯氏理論】這一套心法！

投資必須留有餘地：大部分人投資升時不賣，跌時溝貨，其實只有六分之一機會贏。投資不需要賺到盡，最重要是要懂止蝕。三分之一投資論，留有餘地才有資金在低位入貨。

不能過勇去盡搏殺：基金向下跌時處理避險，向上升時可以盡賺。但不能過勇去盡搏殺，若然懂避險便賺而無憂。

三線滙聚必爆一邊：三條移動平均線的交叉點，即三線滙聚，必爆一邊。要跟勢隨波，尋覓訊號，知道趨勢後才可行動。

四度空間潛力可見：四度空間的聚焦區在現價以上高位是阻力，在現價以下低位為支持，要跟勢隨波，尋找支持與阻力位，從低入市，從高出市，讓基金增值。

滑梯轉上入市良機：三條線向下是滑梯，在滑梯中尋找早晨之星或曙光初現，轉勢向上時才買貨，捕捉轉角線。

大飛轉弱出市靚位：三條線向上是大飛，在大飛中尋找黃昏之星或烏雲蓋頂，在高位轉為弱勢時才走。

訊號出現秒殺行動：每天在下午3時45分，若訊號出現便要馬上行動，在4時前要完成，否則會當作下一天的交易。

嚴守紀律勝算倍增：學會【湯氏理論】後，要嚴守投資的紀律，每天管理強積金，要做到「先避險，後保值，再增值」，勝算便會倍增。當家作主，結果是退而無憂。

根據【湯氏理論】，強積金有很多增值的機會，避免貶值的危機。我Tom Tom 的心願和使命，是除了幫助即將退休的人士，可以有足夠資金退休和養老外，還希望讓普羅大眾都學習到強積金投資的哲理。在心靈無助中，給大家一股力量！學會【湯氏理論】，人人都可以當家作主！

◆◆◆ 湯氏管理哲學 ◆◆◆

第二十八條

投資必須留有餘地，
不能過勇去盡搏殺。
三線滙聚必爆一邊，
四度空間潛力可見。
滑梯轉上入市良機，
大飛轉弱出市靚位。
訊號出現秒殺行動，
嚴守紀律勝算倍增。

結語

譚志強（Tom Tom）

【湯氏理論】始創人

傳承知識、經驗、與善良的心

在過去十多年，由不斷四出學習，到自己經常開班授學，目的是想把一生有用的知識盡可能地一一告訴給大家。特別是投資方面的有效元素，希望讀者會對有用的內容多思考，反複推敲而運用，然後得出更好的思路和策略去投資。

另一方面，又擔心投資涉及風險，當讀者將書中技巧運用得不恰當或不能自我衡量風險，隨時得不償失！千萬別忘了，投資策略畢竟是一種需要思考，正確部署的行為。衷心提醒一句，如果讀者不善思考，或自控紀律操守有難度的話，切勿跟隨。

38年在金融市場大染缸扎實奮鬥，閱人無數，遇事無盡，更多的是見盡無數成功、挫敗、顯赫、驚心動魄真實例子，也幫助過

【湯氏理論】課程的上課實況。

無數朋友，使我歷歷在目。而滲透心田的個案，提醒了我，豐厚了我，使我成長，使我踏實，更重要是改變了我的人生價值觀。此轉捩點是受我尊敬的霍韜晦教授打動，不想這些寶貴學識、經驗在自己走後便消失，激發自己為餘生做些有意義和價值的事……著書立作，傳揚後世，希望後來者不走冤枉路！

從而有一顆心盡量傳授有需要人士，特別是對強積金空等着，心急又好依賴這筆血汗錢來安享晚年的退休人士；亦有班工作多年的朋友，辛苦儲來的血汗錢強積金，近年一查記錄又嚇一跳；更何況剛出來工作的一班年輕生力軍，看似大把時間處理，卻又不去管理自己的強積金；把強積金丟在一旁，由它白白蒸發的各階層人士……促使我更心急地想著書立作。

Tom Tom 出席客戶技術分析工作坊。

多年來著書都只是空想。直至去年和陽光洗衣集團董事長黃達強
先生飯局，談到想將自己研發多年的【湯氏理論】著書傳承下
去，特別是教大家有效強積金投資管理策略。幸得黃先生大力支
持，更介紹此書的編者李家輝先生幫助出版。

幸得大忙人李先生出手相助，出書再不是我空想了，李先生成功
實現了我的心願。 經過多月來精心策劃及修訂，此書不單用簡
易形式去教大家投資，更是一本與別不同，包含著投資哲理及心
法的手冊，每篇章節有獨立主題及連貫性，能讓各位讀者細嚐其
中如水似茶，細細品，慢慢嘗，箇中滋味才能體會，有其郁香滲
透，越品越濃的感覺！

Tom Tom 出席活動，分享投資經驗和心得。

真想不到寫完此書之後有如此感覺，更高興的是把有用的投資技巧傳承給大家外，版稅收益又可捐助慈善機構，可謂一舉兩得。

最後十分多謝有為此書寫推薦序的各位友好朋友，此書編者李家輝先生，記錄文書謝紫君小姐，設計繪圖譚皓文先生及譚芷瑩小姐，出力出版的各位朋友及人士，十分感謝！現在此書面世了，請各位閱後多多支持及推介此書！

附錄 / 一

【湯氏理論】課程資料

【湯氏理論】完整課程 5 課詳細內容如下：

1. 知識篇

香港股票市場發展史，見證股災歷史不斷重演。認識一般股票市場投
資產品知識及其特性。

2. 心法篇

學習一套良好的投資心態及投資紀律，避開陋習，如何能運籌帷幄，
在投資方式中增強勝算率。

3. 工具篇

認識有效而簡單的技術分析，並應用優勢特選，運用一套更強效率的
基本技術分析工具，避開一般技術陷阱，增強保本能力。

4. 策略篇

學習多種技術型態，精選不同趨勢的實戰策略，達至所投資產品「先
避險、後保值、再增值」！

5. 進階篇

加入四度空間及神奇號碼的獨特策略，加深型態了解陣營，透識佈陣
範圍，隨波逐勢，把投資風險盡量降至10%以下，扭轉局面，候訊
出擊，反敗為勝！

對【湯氏理論】課程有興趣的讀者，可從以下方式聯絡 Tom Tom。

【湯氏理論】聯絡資料

Facebook	Tom's Theory 湯氏理論
Email Address	tomstheorymn@gmail.com

對【湯氏理論】四度空間程式有興趣的讀者，可掃以下二維碼，了解詳情。

四度空間實時報價系統

- **實時**證券報價服務
- 四度空間分析股票走勢
- 全面功能包括：指數、行業、排行榜、股票比較分析儀等
  詳情請掃二維碼：

四度空間延遲報價系統

- 網上串流式**延遲**證券報價服務
- 四度空間分析股票走勢
- 即市財經新聞及港交所消息
  詳情請掃二維碼：

附錄 / 二
香港兔唇裂顎協會簡介

本書作者 Tom Tom 熱心公益，本書第一版的版稅收益，將全數捐出予「香港兔唇裂顎協會」，以下為協會簡介。

「香港兔唇裂顎協會」成立於1991年，是本港唯一一個專為唇顎裂患者和家屬，及懷有唇顎裂胎兒的父母提供支援服務的病人服務機構，該會致力把本港的患兒和家長聚集在同一屋簷下，藉著多元化的、適切的服務給予他們支援和協助，使患兒／患者得到全面的照顧和正常的身心發展；並透過學校及社區教育活動，促進公眾對患者的關懷，推動社會共融。

該會的服務包括：面談輔導；諮詢熱線；醫院探訪；新生患兒家長小組；餵哺患兒訓練；提供患兒專用的餵食用具及護理用品；醫療及專題講座；手術分享會；出版患兒護理手冊、照顧光碟、會刊及資料單張；提供書籍及期刊借閱等服務。推行服務計劃包括：「跟進式鼻托服務」、「駐會言語治療服務和家長訓練」、「兒童及青年矯齒治療」、「伴你同行‧唇顎裂患者家庭支援服務」及與播道醫院合辦「慈善唇顎裂治療計劃」，並成立【愛‧延續唇顎裂治療基金】。

該會並沒有穩定的經費資助，六成運作經費來自賣旗日籌款活動，及社會人士捐助，其餘則透過服務項目申請基金資助。

附錄 / 三
Tom Tom 攝影分享

香港打工仔每天辛勞打拼，得來的血汗強積金，決不能付諸流水！

【湯氏理論】能燦爛照耀你的退休生活！

豐厚的知識，猶如穩固紮實的橋樑，不怕任何巨浪衝擊！

人生不分晝夜運轉，知識支撐終身精彩。

【湯氏理論】令夕陽更美好！

熟讀策略，胸有成竹，退而無憂！

一套秘笈，三劍齊發，所向無敵！

知識是人生一大光柱，足夠照耀我們的一生！

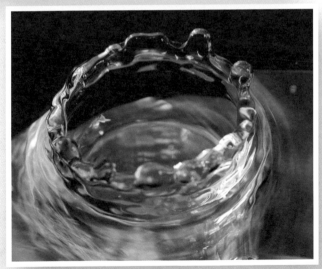

【湯氏理論】能將每一滴水，發揮最強的爆炸力！

WEALTH 154

作者	譚志強
編者	李家輝
內容總監	曾玉英
責任編輯	Alba Wong
編輯助理	邱迪生
書籍設計	Paul Ng
文書	謝紫君
插圖	譚皓文、譚芷瑩
出版	天窗出版社有限公司 Enrich Publishing Ltd.
發行	天窗出版社有限公司 Enrich Publishing Ltd.
	九龍觀塘鴻圖道78號17樓A室
電話	(852) 2793 5678
傳真	(852) 2793 5030
網址	www.enrichculture.com
電郵	info@enrichculture.com
出版日期	2023年6月初版
定價	港幣 $168　新台幣 $840
國際書號	978-988-8853-00-7
圖書分類	(1) 投資理財　(2) 工商管理